少年读懂用对《孙子兵法》

马伟明 编著
九灵 绘

没有人天生是"学神",都是因为掌握了规律。

我也想像那些"学神"一样,轻松就考高分。

花山文艺出版社
河北·石家庄

图书在版编目（CIP）数据

少年读懂用对《孙子兵法》/ 马伟明编著；九灵绘. -- 石家庄：花山文艺出版社，2023.11
　　ISBN 978-7-5511-0550-7

Ⅰ. ①少… Ⅱ. ①马… ②九… Ⅲ. ①《孙子兵法》—青少年读物 Ⅳ. ①E892.25-49

中国国家版本馆CIP数据核字(2023)第171204号

书　　名：	**少年读懂用对《孙子兵法》**
	Shaonian Du Dong Yong Dui Sunzi Bingfa
编　　著：	马伟明
绘　　者：	九　灵
责任编辑：	郝卫国
责任校对：	杨丽英
封面设计：	廖若淞
美术编辑：	王爱芹　杨　龙
出版发行：	花山文艺出版社（邮政编码：050061）
	（河北省石家庄市友谊北大街 330号）
印　　刷：	北京世纪恒宇印刷有限公司
经　　销：	新华书店
开　　本：	700毫米×1000毫米　1/16
印　　张：	13.25
字　　数：	160千字
版　　次：	2023年11月第1版
	2023年11月第1次印刷
书　　号：	ISBN 978-7-5511-0550-7
定　　价：	48.80元

（版权所有　翻印必究·印装有误　负责调换）

给家长和孩子的话

大家都知道,《孙子兵法》是一部国学经典,但肯定也有很多人在质疑,如今孩子学习两千多年前兵书的必要性。为了打消疑虑,我们首先要弄懂《孙子兵法》到底在讲些什么。

许多人第一次听到这本书的名字,可能会单纯地以为它只是本战术书。这可就大错特错了。《孙子兵法》的核心思想是:真正的胜利不是靠打仗,而是靠打仗前对国力、人员、代价等因素的谋划决定的。书里并没有打败别人的战术,它提倡的是通过提高自身实力让自己立于不败之地!

那在现在,《孙子兵法》还有用吗? 当然!除了战场,《孙子兵法》还可以用到很多领域,尤其是存在竞争的地方,比如商场、职场中。对于孩子,学习是一项很重要的任务。在汲取知识的同时,免不了需要面对各种考核和竞争。如果想让孩子在学习上事半功倍,不浪费时间和力气,除了要引导他做一个努力勤奋的人,更要教会他正确的学习方法。这个时候,《孙子兵法》就有用武之地了。在《少年读懂用对〈孙子兵法〉》中，我们用有趣的故事和轻松的漫画，对《孙子兵法》中的思想进行梳理、简化和总结，再用清晰明确的语言告诉孩子：

学习就像打仗，会遇到各种各样的难题。要想胜利，就要解决难题；要想解决难题，就要用正确的方法。比如：别人的方法不一定适合自己，不要跟难题死磕，懂得抓重点，结合自身情况量力而行，根据自身情况制订计划……

如果你的孩子正在经历学习困境带来的挫败感，让他打开这本书吧。《少年读懂用对〈孙子兵法〉》不仅可以帮他走出当前的学习困境，还可以让他终身受益。

希望每个孩子都能找到适合自己的学习方法，打赢这场学习之战。

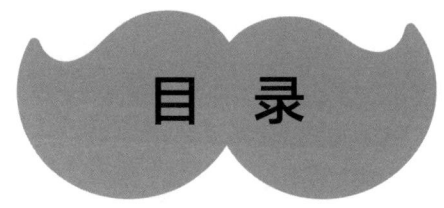

目 录

2　　学习，如上战场，是我们的人生大事
8　　学习是一件长远的事情，不能临时抱佛脚
14　　长期专注在一件事情上，一定会有很高的成就
20　　遇到难题，不要死磕到底
26　　攻其不备，才能在竞争中脱颖而出
32　　真正的功夫，在考场之外
38　　老老实实积累，才能迎来好成绩的爆发
46　　要有技巧地学习，切勿使蛮劲儿
54　　制订学习计划要根据实际情况，量力而行
62　　机会属于有准备的人，这不是一句空话
68　　参与竞赛，不但要了解竞争对手，更要了解自己的实力
74　　学习最能体会从量变到质变的快乐
82　　长时间做一件事却没有结果时，要及时停下来思考问题在哪儿
88　　去发现和钻研你最擅长的东西，而不是去学别人希望你学的
96　　劳逸结合，才能学得更好
104　　要保持自己的学习节奏，尽量不被其他事情打断
110　　学习很难做到面面俱到，要懂得抓重点

116　别人的学习方法，不一定适合自己

122　没有人天生是"学神"，都是因为掌握了规律

128　走弯路是肯定会经历的，别担心

136　自信是必需的，但也别低估了困难

142　干脆利落才能效率最高，千万不要拖拖拉拉

148　充满自信，才能有学习的气势

156　学习不能死记硬背

164　及时纠错，还蛮有快感

172　捷径，可不好走哟

180　有些快乐的事，只能放弃

186　失败中得来的经验，最为宝贵

192　学习，切忌急躁

198　养兵千日，用兵一时，学习的成果并不只惠及考试

知己知彼，百战不殆。

——孙武

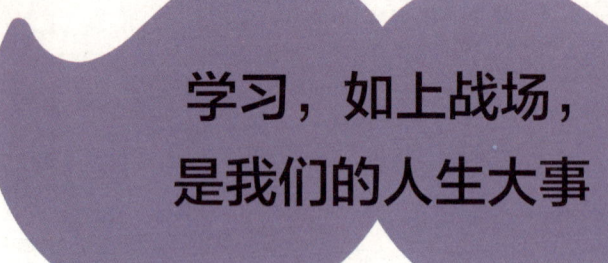

学习，如上战场，是我们的人生大事

战争是国家大事，关系到军民的生死和国家的存亡；而学习，是一个人的战场，是我们每个人的人生大事。

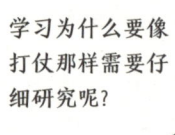

学习为什么要像打仗那样需要仔细研究呢？

任何重要的事情都要用心研究，否则做什么都不会成功的。

孙子说了什么

孙子曰：兵者，国之大事，死生之地，存亡之道，不可不察也。

——出自《孙子兵法·计篇》

孙子说：战争是国家的头等大事，关系到军民的生死、国家的存亡，不能不仔细研究。

晚上放学，子涵和同小区同校的大鹏一起回家，大鹏比他大两岁，是个学习很棒的小哥哥。

"唉……"子涵长长地叹了口气。

"没考好？"大鹏看子涵蔫蔫的，就猜到他没考好。

"是啊……"子涵十分沮丧，"回家这条路再长一点儿就好了。"

"怕你爸妈说你？"

"不仅仅是说我、批评我，我是怕他们失望……你知道的，我爸妈为了我的学习简直是操碎了心，又是报各种学习班，又是上网课，每天为了我的学习绞尽脑汁，也没少花钱……你说，我怎么这么不争气呢？"

"子涵，你是不是心理压力太大了啊？"

"可能吧。我就是担心我爸妈失望。"

"那如果不为爸妈，你就不想学习了？"

"我学习还能是为了谁啊，当然是为了我爸妈啊。谁想整天学习啊？打篮球多好，玩游戏多好！"

"我算知道你成绩不理想的原因了。"

"啊，你怎么知道？"

"学习是我们自己的事，跟爸妈没啥直接关系。你如果为了爸爸妈妈而学习，肯定是没什么学习热情的，每天逼着自己学习，怎么能考好呢？"

"好像是这样。"

"学习是自己的事。你想想看，你妈妈不是在考注册会计师吗？她都工作了不还是在学习?"

"是啊,她每天和我一起学习。我就是看她每天忙工作、忙我,还要学习,就不想让她失望。"

"我觉得你还是放下包袱好好学习吧,有不会的题目你就问我。"

"大鹏哥,你可真好。"

和大鹏聊完之后,子涵轻松了很多,回家后和爸爸妈妈通报了考试的情况,还认真做了学习计划。相信他会逐渐找到学习方法并取得好成绩的。

在孙子看来,战争是国家的头等大事,关系到军民的生死、国家的存亡,不能不仔细研究。学习于我们也是一样。

学习,是我们的人生大事。所谓活到老、学到老,我们每个人都是在不断学习的过程中成长起来的。学习不是为了父母,不是为了老师,也不是迫于其他长辈的要求和期望。读书、学习,是为了让自己变成更优秀的人,拥有理性思考的能力以及敏锐的洞察力。

如果我们连学习的目的都没想清楚,如何能赢得"学习"这场战争呢?想清楚学习的重要性和目的后,我们再好好研究学习的战略和方法,只要用心研究,就没有攻破不了的难关。

不要害怕学习新知识。

勇敢地踏出第一步，可能会有意想不到的收获哟！

学习是一件长远的事情，不能临时抱佛脚

临近考试才知道着急？可是临时抱佛脚是没用的，不如平日里积极准备，逐一了解知识点，再认真攻破难点，你就不再为考试着急了。

孙子说了什么

地者,远近、险易、广狭、死生也。

——出自《孙子兵法·计篇》

"地"指的是用兵打仗时道路的远近、地势的险峻或平坦、地域的宽阔或狭窄、死地或生地等地形条件。

"咦？"小宝妈妈很惊讶，因为小宝吃完饭就回房间写作业了。平日里他可不是这样，吃完饭要看动画片，下楼玩一会儿再回家写作业，写作业也是磨磨蹭蹭，每天都弄到很晚才睡觉。

小宝妈妈看了一眼手机上的日历顿时明白了：下周该期中考试了。

妈妈去厨房洗了一盘水果给小宝送进房间。

"妈妈，"小宝皱着眉头看着一桌子堆得乱七八糟的书本说，"我没空吃水果，还有一周就考试了……唉，只能临时抱佛脚了。"

"临时抱佛脚是没什么用的。"

"可是，临阵磨枪不快也光啊。"

"保不齐你今晚看到的某道题正好考试遇上了，那只能说明你运气特别好。但运气就是一个概率事件，说不准的，估计和买彩票中奖的概率差不多。但是，可以肯定的是，考试前几天你着急上火，胡乱看一通，最后的结果很有可能是白白浪费时间，熬出黑眼圈。"

小宝叹口气说："妈妈，我觉得你说得有道理，不过，我还是想试试，这几天好好加油。"

"行吧，那你就试试，不会的地方喊我。"

妈妈走后，小宝继续刷题，刷完英语，刷数学，再背古诗词，最后趴桌子上睡着了。

第二天早起上学，小宝困得睁不开眼睛，不断在心里给自己打气：就几天，加油熬几天，兴许就能考个好成绩了。

一连几天，小宝都是熬到深夜，第二天睡眼蒙眬地起床，都熬出黑眼圈了。

考试当天，小宝看着镜子里萎靡不振的自己说："都熬了好几天了，考试就是最后一关，挺住，加油！"

可是，无论喊多少遍"加油"，考英语时，他觉得26个英文字母他全都认识，可它们排列组合在一起后，他就晕头转向了；考数学时，他觉得某一道应用题一定是昨天看过的，可是，解题思路在哪里？越想越焦躁……考最后一门语文时差点儿睡着。太累了，考完试，小宝回家倒头就睡，恨不得睡上个三天三夜。

而临时抱佛脚的结果是，考得一塌糊涂。至此，小宝也终于意识到，妈妈说得对，临时抱佛脚，不如平时多用用功。

如果平日里不努力学习，考试前临时抱佛脚是没用的。当然，知道考试前突击，说明在意成绩，也有上进心，既然如此，不如平日里认真学习，考试前有重点地加强复习，这样就不愁考不出一个好成绩了。

从长远来看，学生总要经历很多次大大小小的考试，临时抱佛脚什么都改变不了，唯有勤奋学习，才能不惧怕考试。

考前突击复习，不如平时努力学习。

长期专注在一件事情上，一定会有很高的成就

像孙子专注研究兵法一样，世界上许多大科学家、大学问家，都是长期专注地研究某一领域的知识，才取得了举世瞩目的成就。对于现阶段的你来说，只要长期且专注地学习，就一定能取得优异的成绩，并终身受益。

为什么您认为小猪的篮球队会赢？

很简单，他们队伍训练最认真，全队上下一心，团结一致。

孙子说了什么

故形人而我无形，则我专而敌分，我专为一，敌分为十，是以十攻其一也。

——出自《孙子兵法·虚实篇》

因此，示敌以假象而我不露真情，那么，我集中兵力，敌人势必会分散兵力。我集中兵力为一处，敌人分散兵力为十处，这就形成了以十攻一的态势。人的精力就和打仗的兵力一样都很有限，学得多而杂，不如沉下心来，长期专注在一件事上，这样能获得更大的成就。

"下一个，童童！"

小树坐在座位上，听英语老师一个接一个地叫班里同学的名字，让听到名字的同学上讲台领取期末考试的试卷。

随着老师喊名字的节奏，小树的心怦怦直跳，紧张极了。

上学期期末考试，小树的英语没考好，只得了七十八分，这直接导致他的总成绩落后不少，所以，他这学期集中精力死磕英语。

可是，用功了就有用吗？这次考试真的能考好吗？小树还是对考试结果担心不已。

"小树！"终于听到英语老师喊自己的名字，紧张的小树砰地站起来，往讲台走去。当看到老师嘴角的微笑时，小树心里隐约觉得成绩应该还不错，不过心跳的节奏并没有放缓，反倒是有些加快。

回到座位后，他迫不及待打开试卷，九十分，果然不错！小树很高兴，也很感慨，原来长时间专攻英语果然是有用的。

如何提高英语分数呢？离不开背单词、句型应用和语法。老师天天讲句型应用和语法，但是如果英语单词不会背，句型结构弄懂了，答题时也会因为单词拼写错误而丢分。所以，小树给自己准备了各种各样的单词卡片，随身带着，只要有空就拿出来看几眼以加深记忆。回家后，他还会在完成其他学科作业后，看英文动画片或者读一段英文原版书。

经过一段时间的积累后，小树发现他对英语不再陌生了，有些英文动画片里的单词虽然还没背会，但是他能听懂更多单词了，他的英文阅读能力也在不断提升。尤其是上英语课时，他终于敢举手发言了。

就这样，不知不觉就迎来了期末考试，这是检验小树这一学期专攻英语是否成功的关键考试。小树很紧张，不过好在发挥稳定，最终拿到了不错的成绩。

当小树拿着成绩单开开心心回家时，迎接他的是父母开心的笑容和大大的庆祝蛋糕。

你要相信，长久、专注地学习，就一定能取得进步。哪怕眼前这一次考试的成绩并未达到你预期的目标，下一次也一定能够实现。对于学习来说，"勤奋"两字，永远不会让你失望。

当然，我们也听说过一些天才的故事，但是不学习、不看书的天才，是不会取得好成绩的。而一个人要想在某一个领域获得很高的成就，需要的更是持之以恒的专注与勤奋。

沉下心来，专注在一件事上。

长久、专注地学习,就一定会取得进步。

遇到难题，不要死磕到底

"强而避之"，意思是：如果敌人兵力强大，就要暂时避开它。学习也是如此，遇到难题或者跨不过去的难关，不要死磕到底。

孙子说了什么

实而备之，强而避之。

——出自《孙子兵法·计篇》

"实而备之"，可以从攻防两方面理解。作为防御策略时，如果敌人力量充足，应该居安思危，有备无患；作为进攻策略时，若对手力量充实，应先养精蓄锐，待机而动。"强而避之"，如果敌人兵力强大，就要暂时避开它。

子涵的数学不错，考试成绩也比较理想，妈妈觉得他可以更进一步提升一下数学思维，就在征求子涵意见后，给他报了一个奥数班。

奥数班里的学生大都是各自班里数学成绩不错的孩子，子涵学了几节课后发现自己的成绩在奥数班里并没有脱颖而出，这让他有些心急，于是每天写完作业后，都会做奥数班的试卷。

正在客厅看书的妈妈，突然听到子涵房间传出来噼里啪啦的声音，好像是书本从桌子上掉了下来。

果然如此，妈妈走进子涵的房间时，发现他正在捡地上的书本。

看到妈妈进来，子涵也没说话，好像很不开心。

"怎么了，这是？"

"没什么。书挡被我搞得乱七八糟，不知怎么就倒了。"

妈妈发现地上不仅到处是书本，还有好几张废纸，都是奥数演算纸。

"要不然休息一会儿，陪妈妈看会儿电视？"

"没什么好看的，我还是搞定这道题吧。没去奥数班之前，我觉得自己数学还是不错的，没想到人外有人、山外有山，我在奥数班最多只能排到中游。我得加把劲儿才行。"

妈妈一边帮子涵收拾书挡和作业本，一边说："我觉得一口吃不成一个胖子。你才刚到奥数班，总得给自己留点儿时间追上其他人，对吧？你爸爸正在楼下和朋友打羽毛球呢，要不然你也去打打球？就当换换脑子。"

看到子涵有点儿纠结，妈妈继续说："去吧，去吧。被难题卡住很正常，转移一下注意力，调整了状态，说不定就有思路了。"

"那行吧，妈妈，我去找爸爸打一会儿羽毛球。"

子涵在楼下和爸爸打了半小时羽毛球，出了一身汗，感觉很畅快，仿佛顶在头顶的乌云散去了，头顶上只有满天的繁星。

晚上临睡前，妈妈就听子涵在浴室里喊"妈妈"，她赶紧冲到浴室门口，喊道："怎么了，子涵？"

"妈妈，我想到了，我会解那道题了！"子涵兴奋地说。

学习中总会遇到不会做的题目，生活中也总会遇到意想不到的困难，这时该怎么办？有些同学是缺少迎难而上的勇气，总想着逃避；也有些同学像子涵一样，解不出来就跟难题死磕到底，这两种方法都不可取。

前者，应该迎难而上，因为逃避解决不了问题，遇到难题就跑，成绩自然无法提高；后者，应该适当"避一避"，换个时间，换一种状态，难题说不定就迎刃而解了。如果是在考试中，就更不能和难题死磕了，要先答会做的题目，有时间的话，再回过头来攻破难题。

遇到难题，确实需要迎难而上的勇气。

换个思维方式，说不定就能解决问题了。

攻其不备，才能在竞争中脱颖而出

同学之间会产生竞争关系，比如班委的竞选、某项比赛名额的角逐等。合理良性的竞争关系不仅不会影响同学之间的感情，还能激发大家奋发向上的精神，利于个人成长。那么，如何在竞争中成功超越对手、脱颖而出呢？

学习竞赛中怎样才能超越对方呢？

当然是要趁其不备，以出其不意的方式打对方一个措手不及，这样才容易取胜啊。

孙子说了什么

孙子曰：攻其无备，出其不意。

——出自《孙子兵法·计篇》

孙子说：要攻打敌人疏于防备的薄弱之处，在敌人意料不到的情况下采取行动。

小树的理想是当一名演说家。私下里，他经常模仿那些优秀的演讲者，学习他们的说话方式、仪态神情等。时间一长，竟学得有模有样。

　　不过呢，小树有一个暂时还无法克服的毛病，那就是观众不能太多：站在台上面对密密麻麻的观众，他就会大脑一片空白，特别容易紧张，一紧张就会轻微地结巴，为此他苦恼了好久。

　　最近，学校要举办一场以"文明礼仪在校园"为主题的演讲比赛，每个班级角逐胜出的第一名代表班级参加学校总决赛。小树所在班级里有一位名叫星星的同学，平日里经常参加演讲、辩论比赛，大家都认为星星去参加总决赛是板上钉钉的事，所以，除了星星以外没人报名参赛。而小树呢，他觉得这是一次难能可贵的机会，经过反复的思想斗争，终于在报名截止日期的最后一天递交了申请表。

　　得知这一消息后，同学们一片哗然，他们都知道小树上台讲话容易结巴，觉得小树这是不自量力，有些同学私下还说要做好准备看小树的笑话。而作为竞争对手的星星，也觉得小树这是以卵击石，所以他根本没将小树报名的事放在心上。

　　距离班级比赛还有一周的准备时间，星星原本还计划找找资料，提前练习练习，现在一看只有小树一人参与竞争，还是个容易结巴的对手，他更觉得赢得第一是十拿九稳的事，所以根本没去做赛前准备。

　　反观小树，他对自己的短板再清楚不过了，于是他抓紧一切时间，在家里给家人演讲，在小区给下棋晒太阳的爷爷们演讲，还有一天，他甚至鼓起勇气，跑到公园广场上，给准备跳广场舞的奶奶们做了一场演讲。实践证明，紧张导致的结巴是可以控制的。经过几天的刻苦训练，小树的状态越来越好，曾经的磕巴一去不复返。

班级比赛当天，小树流畅自如的表现让大家大吃一惊，那些想要看他笑话的同学更是瞠目结舌。而星星比赛前期掉以轻心，疏于准备，上台后更是频频忘词，最终小树脱颖而出，他将代表班级去参加总决赛。

在《孙子兵法》中，孙子认为，战场上风云变幻莫测，决定胜负的因素多种多样，但万变不离其宗，"攻其无备，出其不意"才是决胜的秘诀。要想赢过对方，就要善于抓住别人不设防的地方，以出其不意的方式来进攻，打对方一个措手不及，从而赢得胜利。学习生活中遇到良性竞争的时候，就要善于动脑思考，认真分析彼此的优势与劣势，一方面要努力弥补自己的短板，另一方面要善于抓住对方的弱点，选择合适的时机迅速出手，这样便能极大地提高成功的概率。

自然界中充满了各种各样的竞争。

呜呜呜，青蛙大哥，我上有老下有小，求求您放过我吧！

不行，放了你我就得饿肚子了！

青蛙大哥，您看我已经被夹住了，根本跑不掉，您行行好，高抬贵脚，让我喘口气行不？

行吧，反正你也跑不了。

这……

拜拜了您哪！

利用自身优势，攻其不备。

真正的功夫，在考场之外

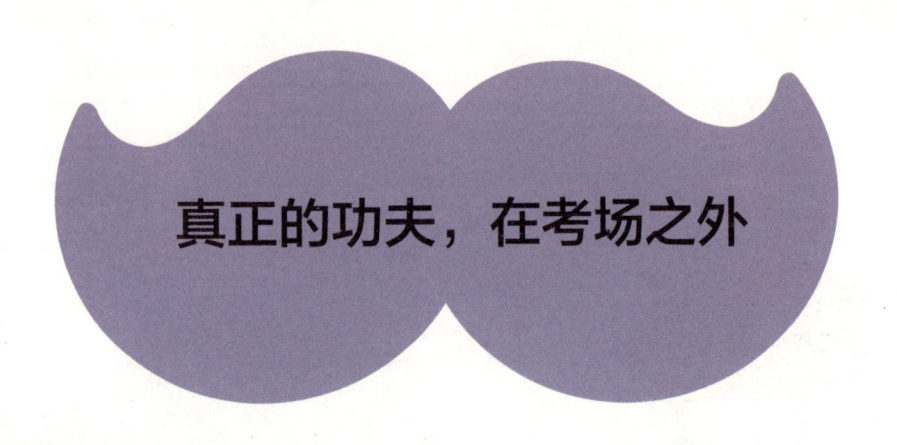

考场上超常发挥是可遇不可求的，而且哪怕是超常发挥，也是建立在平时用功读书的基础上，因此说，真正的功夫，在考场之外。

> 如何才能在考试中取得优异的成绩呢？

> 考场上的发挥固然重要，但没有真正的实力，其他一切都是空谈。

孙子说了什么

夫未战而庙算胜者，得算多也；未战而庙算不胜者，得算少也。多算胜，少算不胜，而况于无算乎。吾以此观之，胜负见矣。

——出自《孙子兵法·计篇》

若在开战前就预计到能取胜，那是因为我方获胜条件多；若在开战前就预计不能获胜，那是因为我方获胜条件少。有利条件多的一方会获胜，有利条件少的一方不会胜利，何况不具备获胜条件的呢？所以我根据这些来分析参战双方，胜负结果就可以预见了。

"哇，语墨，你真厉害，这次期中考试数学又是满分！"西西举着语墨的数学卷子羡慕地说。

"西西，别光羡慕语墨啊，给你瞧瞧我的卷子！"一旁的赫赫递过来一张卷子，一脸的得意。

"什么？！"西西接过卷子一看，满脸惊讶，"九十二分？你怎么考的？"

"别瞧不起人好不好，这才是我的真实水平呢！"说完，赫赫一把夺回自己的卷子，背上书包，笑嘻嘻地离开教室。

"奇怪，赫赫数学考试经常考六七十分啊，这次怎么会考这么高呢？"西西一脸的不可思议，语墨也摇了摇头。

赫赫平时的数学成绩的确不怎么样。说来也巧，前几天，姑姑给赫赫买了一本数学习题册，期中考试前一天晚上，赫赫心血来潮翻出习题册做了两套题，结果第二天的考卷上居然出现了好多习题册上的原题。赫赫喜出望外，赶紧将脑袋里的答案唰唰唰都写到卷子上，这才考了史无前例的九十二分。

看到赫赫的成绩单，他爸爸也笑得合不拢嘴，周末带着赫赫去游乐场玩了个痛快。

期中考试之后，赫赫觉得数学也没那么难了，上数学课时更不认真听讲了，他觉得那本习题册就是宝藏题库，只要多做做上面的习题，很容易就能考高分。

很快，半个学期过去了，转眼又迎来了新的考试。这天，数学老师夹着全班的考卷走进了教室。

当赫赫拿到卷子，看到上面的"六十五分"时，脑袋里嗡地响了一声。其实，他也没有感到太意外，因为考试时他就发现，好多题太难了，他一点儿解题思路都没有。

"上一次期中考试题，题型单一，试题偏简单，并不能如实反映大家的真实水平，所以，数学组的老师们认真调整了此次考试的题型和难易程度，这份试卷能相对准确地检验同学们对相应知识点的掌握程度，并如实地反映出每一位同学的真实水平。相信大家也看到了各自的成绩……"

听了老师的分析，赫赫这才明白，期中考试的试题过于简单，再加上自己凑巧碰到了一些原题，所以才考了九十二分的好成绩。

《孙子兵法》中说，只有具备充足的获胜条件，才有可能赢得战争的胜利，而条件不足的，获胜的概率渺茫。其实，学习也是一样，没有扎实的基础、良好的学习习惯，想要获得好成绩便是痴人说梦。

偶尔取得一次好成绩并不能证明一个人学习好。只有在平日的学习过程中，踏踏实实，一步一个脚印，通过良好的学习习惯切实提升个人水平，成为真正有实力的人，才能在考场上做到游刃有余，无论面对何种考卷都能胸有成竹，取得优秀的成绩。

清楚认识自己的真实水平。

平时坚持训练，一步一个脚印，才能成为真正有实力的人。

老老实实积累，才能迎来好成绩的爆发

身处劣势，如果选择放弃，那么只有失败这一种结果；然而，身处上风却不加以利用，拖延磨蹭，那么只会让人乘虚而入，将胜利果实拱手送人。

> 有了好的学习方法和技巧是不是就能取得好成绩呢？

> 拥有好的学习方法和技巧是一种优势，但也要发挥好，否则再好的优势发挥不出来，也是惘然。

孙子说了什么

夫钝兵挫锐，屈力殚货，则诸侯乘其弊而起，虽有智者，不能善其后矣。故兵闻拙速，未睹巧之久矣。

——出自《孙子兵法·作战篇》

如果军队折损疲惫，锐气受挫，财资枯竭，那么，其他诸侯国就会趁火打劫，到那时，即使再睿智高明的人也无法挽回局面了。在实际作战中，只听说过劣势一方老实地速决，却没有听说过优势一方卖弄炫巧、拖延战线的。

"加油，子涵！"

"嗯，小帆，你也要好好表现！"

子涵和小帆相互鼓了鼓劲儿，走到了各自桌前，打开平板电脑，开始抽取各自的参赛题目。

原来，子涵和小帆都是乐高迷，并且他们特别喜欢拼搭机械组积木。最近，学校正在举办小学生乐高机械组编程竞赛，他俩第一时间就报了名。

乐高机械组编程项目是用乐高的颗粒积木拼搭对应的模型，然后用手机或平板电脑中的应用程序通过蓝牙控制积木模型中的电机装置，使之完成设定的指令动作。

今天是初赛，子涵和小帆所在的Ａ组共有五名选手，只有在规定时间内完成题目指定动作并且用时最短的前两名选手才能进入复赛。现在，五名选手打开各自的平板电脑，开始抽取比赛题目。

"请利用桌上积木零件完成赛车的拼搭，并实现前进、倒退以及前轮左右转动。"子涵看到自己的题目后心中一阵狂喜：太棒了！我跟爸爸以前就拼装了一辆赛车，这个题目对我来说简直就是小菜一碟！

而一旁的小帆便没有这么好的运气了，他抽到的题目是"洗衣机"，先要用积木零件拼搭一台洗衣机模型，然后实现正反转以及不同模式下的高低速转动。看到这样的题目，小帆皱起了眉头。他从没拼搭过洗衣机模型，看来只能在平板电脑中的电子说明书指导下慢慢摸索了。

这边的子涵因为抽到了熟悉的题目，心情大好，一扫之前的紧张情绪，慢悠悠地挑选着积木零件，一边组装，一边饶有兴趣地翻看着平板电脑中各类拼搭积木的模拟动画视频,都快忘了自己还在比赛现场呢。

时间一分一秒地过去了,小帆全神贯注地研究完拼搭说明,挑选所需要的积木零件进行分类,按照拼搭顺序有序摆放,很快便拼好了洗衣机模型,并且将关键的编程环节也进行了模拟,确认无误后便立刻开始了紧张的调试冲刺阶段,而一旁的子涵才刚刚拼好赛车轮廓。

这时,小组中另一名选手率先按铃表示完成了比赛,子涵一下子慌了神,手忙脚乱地翻找零件,谁知越急越乱,忙中出错,连驱动杆装反了也没发现,最后在调试动作时,赛车一点儿反应也没有,子涵急出了一脑儿门汗。这时,小帆按响了桌铃,成为小组第二个完成比赛的选手,顺利进入复赛。子涵一下子呆住了,手中的赛车模型咣的一下掉在桌子上,积木零件撒了一片。

小帆看见了,连忙过去安慰子涵:"子涵,你没事吧?比赛还会再有的。"子涵点点头说:"是我自己的问题,恭喜你进入复赛。"

小帆看见子涵一脸失落的表情,还想再说几句话安慰一下子涵。子涵却拍了拍小帆的肩膀,对他说:"好好比赛,连带我的那一份一块儿赢回来!"

听到这儿,小帆郑重地点了点头说:"嗯!我会的!"

子涵离开了比赛场地,他懊悔不已,明明自己抽到了熟悉的题目,又有过去拼搭的成熟经验,却因为自己的掉以轻心错失复赛资格。他痛定思痛,下定决心今后绝不再犯类似的错误,争取在下次比赛中展示自己真正的实力。

《孙子兵法》中分析过，在战场上，战线拉得太长太久，就会导致势穷力竭，让对手乘虚而入。所以，身处劣势的一方快速出击，还有一线获胜希望，然而具备优势条件的一方拖延磨蹭，不去速战速决，简直愚笨至极。

这个道理在我们的学习中也同样适用。比如，遇到好的解题思路或灵感，只有加以合理利用，才能将其转化为学习成果，倘若仅因为有了灵感便忘乎所以、停滞不前，拖延下去，灵感稍纵即逝且难以寻回，再去反复思索只会让人愈加烦躁，毫无头绪，最终后悔不已。如此掉以轻心、麻痹大意，优势也会变劣势，到那时，再聪明的大脑也无计可施，失败自然是不可避免的事情。

所以，能及时合理利用、充分发挥手中的优势也是一种人生智慧啊！

太棒了！我跟爸爸以前就拼装过一辆赛车，这个题目对我来说简直就是小菜一碟！

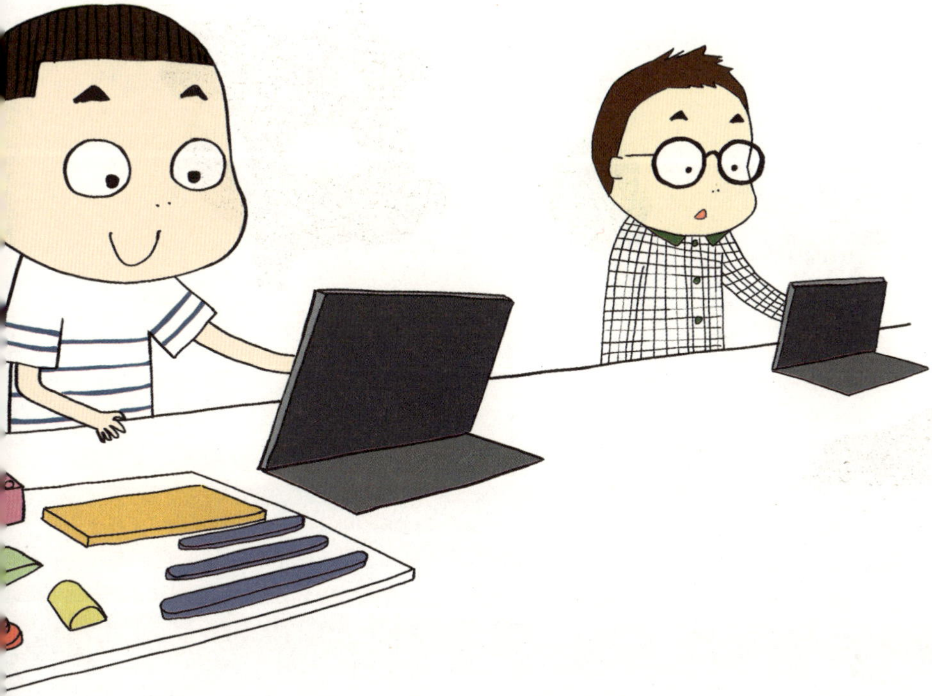

找准时机，充分发挥自己的优势。

掉以轻心、拖延，只会让优势变成劣势，最终失败。

要有技巧地学习，切勿使蛮劲儿

学习的时候，倘若只有毅力，盲目蛮干，不讲究方式方法，只会事倍功半。

全力以赴刻苦学习是不是一定会有收获？

不讲技巧的学习叫死读书，只会越学越累。

孙子说了什么

故善用兵者，屈人之兵而非战也，拔人之城而非攻也，毁人之国而非久也。必以全争于天下，故兵不顿而利可全，此谋攻之法也。

——出自《孙子兵法·谋攻篇》

因此，善于用兵打仗的人，能不靠战场厮杀让敌军屈服，能不靠强攻来夺取城池，不必长久用兵而消灭敌国。他们本着不诉诸兵刃就使敌屈服的原则取得胜利，这便是谋攻制胜的原则。

暑假即将结束，马上就要迎来新的学期。豆丁上学期的考试成绩不是很理想，所以开学前一天晚上，他给自己制订了一个非常详细的学习计划，比如每天要诵读多少篇课文、做多少套习题、背诵多少个单词等，都写得清清楚楚。

豆丁拍着胸脯跟爸爸妈妈保证，进入新学期，自己一定会加倍努力，争取考入班级前十名，迈上一个新台阶。

这个超有毅力的孩子，从开学第一天起，就严格要求自己，准时准点按照计划表执行。这不，他已经坚持了一个星期，不过，效果究竟怎么样呢？一起来看看吧。

"《春》——朱自清。盼望着，盼望着，东风来了，春天的脚步近了……"下课了，同学们大都活动去了，教室里只有零星几个人。只见豆丁趴在桌子上，皱着眉头正在诵读上午刚讲完的课文，表情看起来有些痛苦。

"豆丁，走，去买瓶水喝。"后边的凯凯推了推豆丁。

"我不去了，今天诵读课文的任务还没完成呢。"豆丁停顿了一下，有气无力地摆了摆手。

"呃，那好吧。"凯凯起身走出了教室。

放学了。

"L-E-M-O-N，lemon，柠檬……哎呀！"只见一个人影从楼梯上摔了下来，旁边的同学眼疾手快，一把拽住了那个人的胳膊，这才没摔个大马趴。同学们定睛一看，这不是豆丁吗？

"啊！豆丁，你也太拼了吧？已经放学了，怎么还背单词呢？"淼淼问他。

"嘿，别提了，我给自己制订了一个学习计划，这不，今天背单词的任务还没完成，所以我想趁回家路上赶紧背一背，回了家除了完成作业我还得做习题呢。"豆丁揉了揉发涨的脑袋。

"我看你这学习计划有问题，瞧瞧你的黑眼圈，晚上一定睡得特别晚。"淼淼用肯定的口气说道。

"是啊，最近晚上11点多才能完成学习计划，我感觉好困啊。"豆丁哭丧着脸回答。

"这背单词、背课文，应该趁早晨头脑清醒的时候来记忆，效果才最好啊。"淼淼接着说，"而且记忆是有规律的，要按照记忆周期来复习才记得牢固。我敢保证，你这单词肯定今天背，明天忘。"

"你怎么知道的？"豆丁很惊奇。

"哈哈哈，答案都写在你的黑眼圈上了。"淼淼笑着说，"我建议你修改一下学习计划，合理分配时间和科目，什么时候适合背诵，什么时候适合做题，以及任务量，还有劳逸结合的问题，这些你都要重新考量，根据实际情况来制订计划，执行起来才会有效果。像你现在这样只顾完成任务，不管学习质量，最终只会把自己搞得精疲力尽，结果还事倍功半。"

听了淼淼的话，豆丁若有所思地点了点头。回了家，他便拿出自己的学习计划，大刀阔斧地改了起来。

经过一段时间的实践以及合理的劳逸结合，豆丁不仅提高了学习成绩，身体素质也越来越棒，他这才发现，学习真的是一件轻松又快乐的事情！

《孙子兵法》中认为，两军对垒，刀光剑影地血拼，旷日持久地打消耗战，都不是最佳的取胜之法，优秀的将军一定会通过精妙的谋略，以最小的代价来赢得胜利。

学习也是如此，在学习的战场上，我们应该时刻保持头脑清醒，冷静思考。面对学习任务时，不管三七二十一，没有针对性地一头扎进去埋头蛮干，只会越学越累，最终对学习产生畏惧感。而在学习过程中，不论是日常学习还是考试，在实际动手前，不妨先认真思考，找到最合适的学习技巧和方法来应对不同的学习任务。长此以往，便能养成良好的思维方式和习惯，进而才能体会到学习的乐趣。

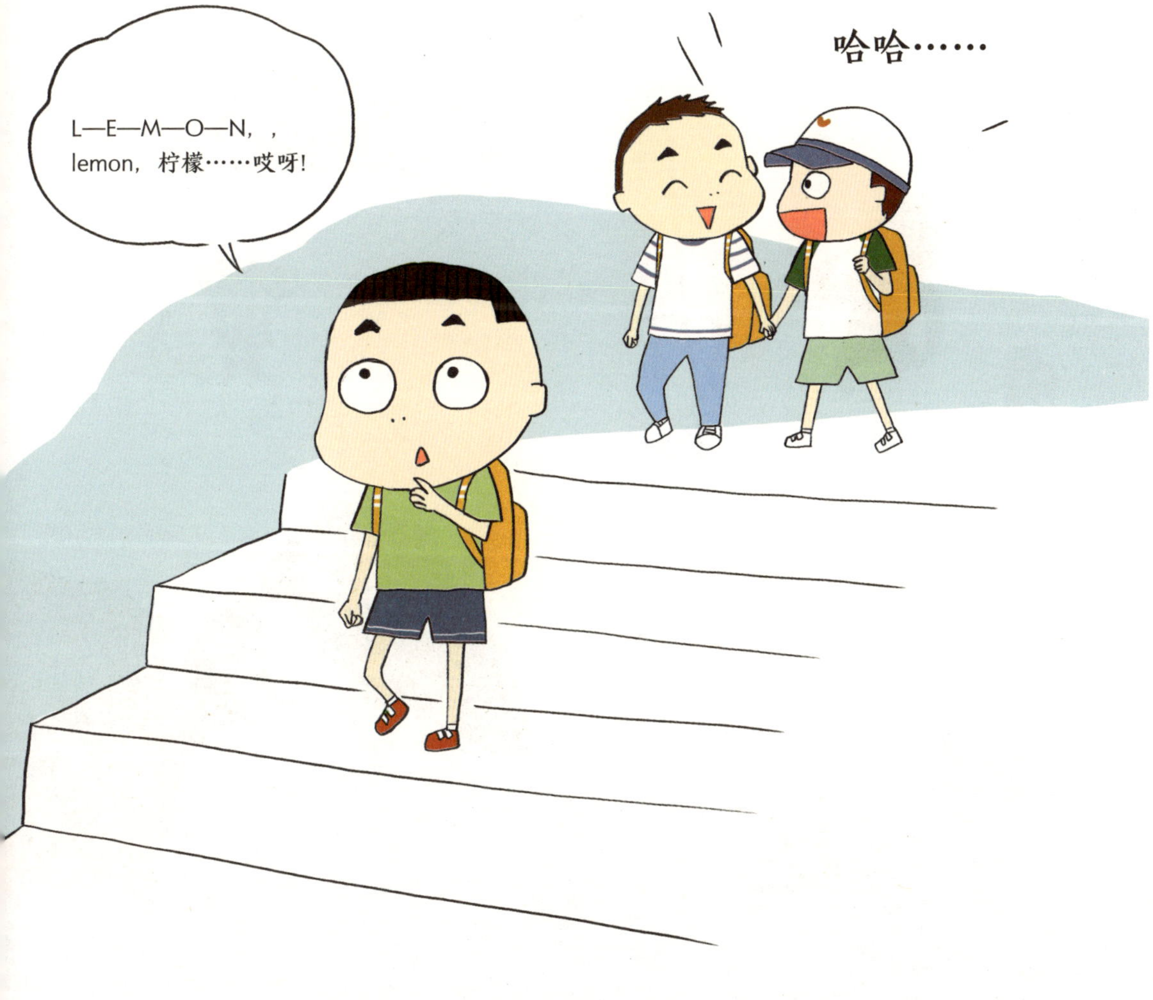
L—E—M—O—N，，
lemon，柠檬……哎呀！
哈哈……

盲目蛮干，只会事倍功半。

用对方法，才能事半功倍。

制订学习计划要根据实际情况，量力而行

在制订学习计划时，仅靠一腔热情可不够，还要充分结合自身实际情况，综合考量，这样订出的计划才行之有效，更具有可操作性。

我可以当"百兽之王"吗？

哈哈，那得等你变得像你爸爸那么强大的时候才可以哟！

孙子说了什么

敌则能战之,少则能逃之,不若则能避之。故小敌之坚,大敌之擒也。

——出自《孙子兵法·谋攻篇》

敌我双方的兵力相当时,可以与敌军对抗;我方兵力比敌军少时,就要设法摆脱敌军;我方的实力不如敌军时,就要尽量避免与其交战。所以,敌强我弱,则退避坚守避其锋芒;敌弱我强,则主动出击以求全胜。

"小宝，都放学了，你怎么还不回家呢？哟，怎么愁眉苦脸的？"珊珊歪着脑袋问小宝。

"别提了，这不刚月考完，你看我这数学成绩，又是不及格，回家可怎么跟爸爸妈妈解释呀？"小宝抓着自己的头发，郁闷地说道，"下个月就要期末考了，我爸说了，再考出这样的成绩，暑假就待在家里跟数学题一起过……"说完，小宝扶着桌子站起来，就像个小老头儿一样，长吁短叹地在教室里踱来踱去。

"咦？阿伦，你在干吗呢？"小宝踱到教室另一边，不经意间看到数学课代表阿伦正在做题，手里是一本他从未见过的习题册。

"噢，上个月表哥送了我这本《数学300题》，里面有很多解题思路特别巧妙，这次月考它可帮了我大忙了。"阿伦说着扬了扬手里的习题册。

听了阿伦的话，小宝的眼睛一下子亮了起来，若有所思地点了点头，然后抓起书包跑回了家。

回到家，小宝连书包也来不及放，拽着爸爸就冲到了书店，在书架上一眼便看到了阿伦的那本习题册。小宝把习题册紧紧攥在手里，催着爸爸赶紧付钱。爸爸觉得十分纳闷儿：这小子平时看见数学题就犯困，今天太阳打西边出来了？不过纳闷儿归纳闷儿，爸爸还是麻溜儿地付了钱。

自从买了习题册后，小宝像变了个人似的，白天晚上书不离手，就连吃饭、上厕所的时候也要抓紧时间看两眼。偶尔不经意间看到被自己锁在柜子里的游戏机、漫画书，小宝心里痒得就像住了一只小老鼠，特别想偷个懒放松一下，可一想到考不好就要在暑假里天天与数学题"朝夕相伴"的悲惨画面，他浑身一激灵，赶紧扭过头继续啃习题册。

不过，这习题册对小宝可并不友好。每做一套题，他都要错一多半，有些题即使看了答案解析，也还是一知半解、云里雾里的。可越是这样，小宝越不敢放松，于是晚上睡觉的时间越来越晚，越来越迟。

就这样废寝忘食地过了十多天。这天早晨，小宝哈欠连天地走进教室，一不小心咣的一下撞在讲台上，坐在旁边的姗姗赶紧一把扶住小宝。姗姗正想问问小宝有没有事，定睛一瞧，不由得乐了，问："哟，小宝，你是不是刚从四川回来？"

"啊，什么四川？"小宝揉着脑门儿，被姗姗一句话问得一头雾水。

"瞧你这俩黑眼圈，这不就是'熊猫眼'嘛！"

"唉。"小宝撇了撇嘴，再也忍不住了，竹筒倒豆子一般跟姗姗诉起了苦。小宝讲得投入，没注意到老师也站在一旁听着呢。

听完小宝的诉苦，老师忍不住笑着走到他身旁，说："小宝啊，平日里看你挺聪明的，怎么这次脑子就转不过来了呢？你看人家阿伦做习题册你也就跟着做，可你想过没，数学是阿伦的强项，那本习题册上尽是些偏难的题型，那些解题思路都很刁钻。你呢，基础比较薄弱，做那些非难则怪的题型，不头大才怪呢！老师建议你啊，还是把精力放在基础题型上，争取把简单的、会做的题都做完，然后再做阿伦那套习题，这样更实际一些是不是？提高成绩最重要的是依靠平日里的积累，你说对吗？"

听完老师的一席话，小宝醍醐灌顶，茅塞顿开。接下来的一段时间，他认真对基础知识点进行查漏补缺，终于在期末考试中冲上了及格线。虽然暑假可能依然不好过，不过小宝知道自己已经找到了最适合的学习方法，他相信自己的数学成绩一定会越来越好的！

《孙子兵法》中说，两军交锋，敌强我弱就应该暂避锋芒，敌弱我强则应该主动出击。在绝对的实力面前，计谋并不能起到决定性的作用，所谓的"狭路相逢勇者胜"，更多的是精神层面的鼓舞与激励。

我们在学习过程中更应如此，比如某一门功课基础比较薄弱，要想提高考试成绩，就应该从基础知识抓起，而不是一味地盲从别人搞题海战术。

每个人的情况各不相同，学习的方式方法更是因人而异，结合自身实际情况的方法才是最适合自己的。就像基础好的同学在考前应该巩固一下平日里容易出错的知识点，而基础差的同学则应该将重心放在基础知识点上，争取在常见题、简单题上不丢分，这样才叫量力而行、有的放矢。

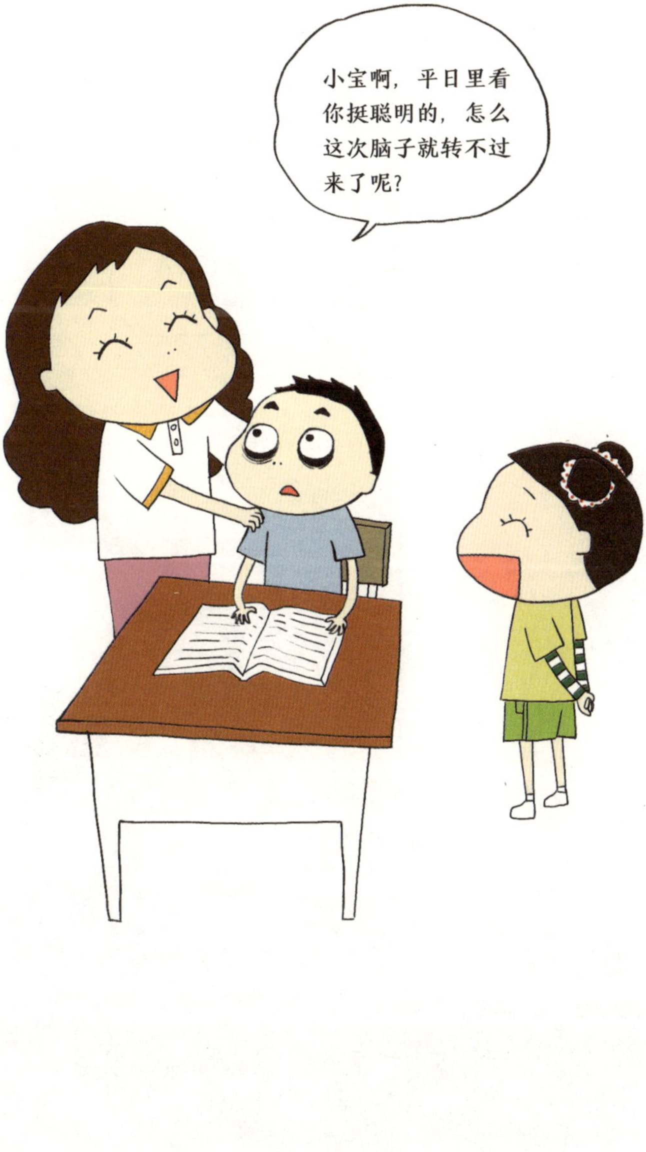
小宝啊，平日里看你挺聪明的，怎么这次脑子就转不过来了呢？

啦——啦——

啄木鸟，麻烦你帮我取一下风筝吧！

真是太感谢你了！

不客气，小事一桩。

这么漂亮的风筝归我啦！

你——你把风筝还给我——

了解自己的能力，量力而行。

问题的最佳解决方案永远是最适合自己的。

机会属于有准备的人，这不是一句空话

"机会总是留给有准备的人，成功总是用心人的皇冠"，当你比别人多付出2%的努力时，或许就能与机会不期而遇。

当然是为了即将到来的寒冬啊，准备越充分，就越有机会在寒冷的冬天生存下来。

我为什么要提前准备这些啊？

孙子说了什么

以虞待不虞者胜。

——出自《孙子兵法·谋攻篇》

以随时准备好的军队，对抗没有准备好的军队，会胜利。

"小树！回家啦！"天天站在教室门口提高嗓门儿大声喊着，可是小树还是坐在座位上纹丝不动。

这家伙，搞什么呢？天天感到很奇怪，他三步并作两步走过去，仔细一瞧才发现，原来小树戴着耳机呢，怪不得他刚才喊了半天也没反应。

"小树，听什么呢？走啦，回家！"天天摘掉小树的耳机又重复了一遍。

"噢，我正听英语听力呢，"小树摘下耳机，边收拾书包边说，"待会儿我还要去英语角练练口语，你先回吧。"

"啊，不至于吧？上次月考你英语九十九分，干吗还这么拼呢？"天天觉得有些不可思议。

"光考试成绩好可不行，我的理想是当一名合格的同声传译，就是在不打断讲话者的情况下，不间断地将说话内容译出来的翻译。我觉得他们特别酷，而且有机会的话我还要当一名优秀的外交官呢！"小树满脸憧憬地说着，"所以，光会考试可不行，英语的听说读写，样样都不能差。"

"哇！同声传译，听起来好厉害的样子。小树，我能做同声传译吗？"天天听了也有些心动。

"可以啊，那你跟我一起去英语角吧。"

"呃，下次吧，我爸还没下班，我要回去抓紧时间看会儿电视，嘿嘿！"说完，天天头也不回地跑了，小树苦笑着摇了摇头。

三个月后。

这天下了课，班主任老师说有一队英国小学生要来学校参观，希望能有一名中国小学生作为随队小翻译，而且如果表现优异的话，还能在今年暑假受邀参加英国学校的夏令营活动。听了这个消息，教室里议论纷纷，最后大家一致认为小树是最合适的人选。

事实证明，功夫不负有心人，小树平日里苦练英文，这次可是派上了大用场。他光荣而圆满地完成了此次任务，赢得中英双方的一致赞赏。没过多久，学校接到消息，英国那所小学诚挚地邀请小树放暑假去参加他们学校的夏令营活动。得知这一好消息后，小树心里乐开了花，他觉得这下离自己的梦想又更近一步啦！

在《孙子兵法》中说过，两军对垒，只有时刻做好准备的一方才会赢。这个道理适用于生活中的方方面面。每个人都有梦想，梦想的实现往往离不开机会的垂青。而当机会来临时，只有那些早已做好准备的人，才能成功将其抓住并一举实现自己的梦想。就像在学习中，只有那些准备充分的人，才会在考试中一鸣惊人。

相反，那些不去做任何准备、只是坐等好运的人，即使机会降临到他的头上，也会与之失之交臂。就像下雨了才想起来买伞的人，是不是已经太迟了呢？

时刻保持"我准备好了"的状态。

提前做好准备，才不会让机会溜走。

参与竞赛，不但要了解竞争对手，更要了解自己的实力

"知彼知己，百战不殆"，这句出自《孙子兵法》的名言流传了几千年。参加竞赛时，知彼知己，既了解对手，又了解自己，才能有更多胜算。

您说我能打败小象吗？

不清楚。不过，你如果想知道胜算如何，不如先评估一下你和小象的实力。

孙子说了什么

故曰：知彼知己，百战不殆；不知彼而知己，一胜一负；不知彼，不知己，每战必殆。

——出自《孙子兵法·谋攻篇》

所以说，既了解敌方情况，又了解自己情况的，才能常胜不败；不了解敌方情况，只了解自己的情况，那么胜败的概率均等；既不了解敌方情况，又不了解自己情况的，则每战必败。

豆丁对乐高机器人编程一直很感兴趣，学了整整一年后，自认为水平还不低，于是报名参加了由学校带队的市青少年机器人大赛，他很幸运地获得了低龄组的参赛资格。比赛的要求是用乐高拼装具有一定功能的小机器人，并用设计好的程序控制机器人做出一些简单的动作。

经过一段时间的准备后，豆丁斗志满满地参加了比赛。然而，他最终只拿到了优秀奖，或者说，在豆丁看来就是安慰奖，因为没拿到一、二、三等奖的同学，都是优秀奖。

豆丁回家时，没有一点儿高兴的样子，反倒是十分沮丧。

妈妈第一时间安慰豆丁，说："不是说好了嘛，重在参与。"

豆丁听了，没吭声。爸爸也加入了安慰的阵营，说："对呀，能入围就很棒了。能有优秀奖，爸爸就很开心了！"

妈妈忍不住瞪了一眼爸爸，说："你赶紧做饭去吧。你根本不懂儿子为了这个比赛准备了多长时间，失望在所难免。"

"哎哟，是我错了，我去做饭。"爸爸说完就去厨房了。

妈妈接着对豆丁说："我觉得呢，你认真准备了，没拿到名次，失望在所难免。但是，失望归失望，要妈妈看呢，第一名的确实至名归，咱跟人家的水平是差了点儿，但也别沮丧，你还有机会啊。"

"是啊，我跟第一名的确差了很多。"

"有句话叫'知彼知己，百战不殆'。我觉得首先有必要了解一下其他城市同龄孩子们的水平，这个简单，网络上都能查得到，也可以问问你的老师，他认识的选手多。但是，最重要的是了解你自己的实力。你现在实力跟第一名有差距，拿优秀奖也没必要沮丧，咱们下次努力追上第一名不就行了？"

豆丁终于点点头，说："妈妈，你说得对，我还得再练练，明年再参赛！"

"知彼知己，百战不殆"是《孙子兵法》里流传最广的句子之一，但是很多人对这句话的理解并不全面。有些人认为"知彼"很重要，比赛前就积极关注其他选手的实力，但是，了解自己也十分重要。因为别人的成绩摆在那里，有标杆，有数据，十分清晰明了，但是自己的水平究竟如何呢？有些孩子容易盲目骄傲，觉得自己实力很强；有些则盲目自卑，把自己看得过低，影响心态，影响发挥。

在学习和生活中，要做到"知彼知己，百战不殆"，就是要放下包袱，客观看待自己和其他同学的差距，努力提高自身的水平。

参加竞争，了解对方的情况十分重要。

了解自己的优势和劣势，也可以增加胜算。

学习最能体会从量变到质变的快乐

两军对阵，发现我方实力欠缺时，要学会耐心等待。学习也是一样，要想把一门学科研究透彻，需要很长的时间。但是，只要坚持到底，总有一天，就能体会到从量变到质变的美妙。

孙子说了什么

不可胜者,守也;可胜者,攻也。守则不足,攻则有余。善守者,藏于九地之下;善攻者,动于九天之上,故能自保而全胜也。

——出自《孙子兵法·形篇》

假如你没有把握打胜仗,你就应该集中精力固守阵地;假如你已有充足的兵力,你就可以发起进攻。实行防守,是因为兵力不足;采取进攻,是因为实力强大而敌人相对弱小。善于防守的人,隐藏自己的兵力于各种地形之下;善于进攻的人,能高度机动灵活地打击敌人,犹如神兵天降。所以,善防善攻的军队,既能保全自己,又能战胜敌人。

小宝各科成绩都还不错，不过语文略微有点儿"瘸腿"，主要体现在作文上。他十分头痛写作文。比如，写一件让你难忘的事，小宝就想，没什么难忘的事儿啊，这怎么能写三百个字呢？

唉，每次写作文，小宝的头都要大了，绞尽脑汁，实在不行就瞎编一个故事，老师的评语是：没有真情实感。

老师建议他多看课外书，回家写日记练笔，这也让小宝十分头痛。首先，每天干的事儿都差不多，除了上学，就是上课外班，再剩下点儿日常生活。既然每天都差不多，有什么可写的必要呢？其次，课外书他其实也看了啊，妈妈给他买了不少。

"又不知道写什么了？"今晚，小宝又开始写日记了，表情十分痛苦。

"妈妈，"小宝撇撇嘴，"我不想写日记了。而且，你瞧瞧，我都写了一个月了，老师还说我写作文没有进步。"

"妈妈小时候也头痛写作文，"妈妈笑着说，"我还写过扶老爷爷过马路呢，后来发现，班里好多同学都写过扶老爷爷或者老奶奶过马路的故事。"

"哈哈哈，"小宝忍不住笑了起来，"太好笑了，没想到妈妈也不会写作文。"

"可是，后来我会了呀！"

"那你赶快给你儿子分享一下啊。"

"我不是早就说过了吗？多看课外书，多练习啊。"

"哎呀，这等于没说。我也看课外书，日记也写了一个月了。"

"我的小宝同学，你多给自己一点儿时间啊，就说阅读这件事。"妈妈抽出小宝书架上的一本《鲁滨孙漂流记》问道，"那你给我讲讲这本书讲了一个什么故事。"

"啊？"小宝挠挠头，"就，鲁滨孙漂流到一个荒岛。他，他怎么流落到荒岛的……"

"忘了吧？"妈妈说，"你就是囫囵吞枣读完就拉倒了，根本没写读书笔记，也没了解作家创作的背景，甚至都忘了鲁滨孙为什么会流落到荒岛，这不叫阅读。阅读和写作都是需要长期积累的事情，你积累到一定程度之后，写下来的东西会让你自己都吃惊的。"

"原来是这样。"小宝说，"妈妈，那我今天再读一下这本书，然后坚持写读书笔记吧。"

"我觉得可以。"妈妈点点头。

坚持阅读并撰写读书笔记两个月后，小宝感觉写作文没那么难了，仿佛总能找到写作素材。并且，不再是"万事开头难"，他找到了下笔的感觉，开头有创意，写起来很顺。尤其是写记叙文时，哪怕是一件很小的事情，也能通过生动的语言、动作、场景描写等方法，将故事写得更生动，更有趣味性。

有一次，老师在他的作文本上写下了这样的评语："开头精彩，语言生动，故事有真情实感。"到期末考试时，小宝的作文尤其完成得好，语文成绩也第一次考了九十五分！这可把他高兴坏了。

从量的积累到质的飞越，是需要时间的。尤其是写作这件事，需要大量的积累才可能有质的飞跃。学习本就是一辈子的事情，不能刚刚努力了一点儿，就认为一定能体现在分数上。再说，一次考试的分数提高也不是学习的意义。

每天努力一点点，就收获一点点，累积到一定程度，写作能力或者成绩就一定能有所提升。哪怕没有大的提升，也不要在意一时的分数高低，看得长远一些，像小宝一样，找对方法并坚持下去，就一定能体会到从量变到质变的过程，进而享受学习的乐趣。

太好笑了，没想到妈妈也不会写作文。

哈哈哈哈哈!

量的积累过程也许会很枯燥，但是不可或缺。

嘿，大熊，我家的萝卜地都干了，就等着你的水呢。你加油啊！

小兔子，我成功了！我成功了！

或许，我就是白费力气吧，这里根本挖不出水。

大熊，你今天下去了吗？

还没呢！

我觉得你应该下去看看，我怎么感觉听到水声了呢，是我出现幻听了吗？

太棒了！我就知道，你一定行！

每天进步一小步，终有一天，你会迎来"突破的时刻"。

长时间做一件事却没有结果时，要及时停下来思考问题在哪儿

如果花了好长时间做一件事，却没有进展或进步，就需要停下来好好思考一下，是方法不对，还是哪个环节出了问题，以免做更多无用功。

> 我学游泳很久了，还是游不了几下。我好笨啊……

> 笨？我是不觉得，但是你自己在河边苦练，用处不大，不如找个老师好好学一学。

孙子说了什么

激水之疾，至于漂石者，势也；鸷鸟之疾，至于毁折者，节也。是故善战者，其势险，其节短。势如彍（guō）弩，节如发机。

——出自《孙子兵法·势篇》

湍急的水流疾速奔泻，能将石头冲走，这是由于水势强大；猛禽迅飞猛扑，一举搏杀雀鸟，是因为它掌握了最有利于爆发冲击力的位置，节奏迅猛。因此，善于作战的人，他发动的态势总是险峻而咄咄逼人，发起攻击的节奏总是短促快捷。险峻的态势就像张满的强弩，短促的节奏就像触发的弩机。

小童最近报了一个篮球课外班，跟着教练从左右手运球、双手胸前传球等基础动作开始练起。他练得格外认真，每天都跑得满头大汗的，回了家能吃上两碗饭。可是，最近的一次队内比赛，小童只拿到了两分，这让他十分沮丧。

问题出在投篮上，不是投不进，就是偏出篮筐，命中率极低。于是，除了篮球班上与大家一起训练以外，小童还给自己加码儿，每天都在学校的篮球场加强练习，但作用并不大。

砰，篮球在篮筐里旋转了一下，弹出篮筐。小童感觉自己就是那个弹出篮筐的倒霉篮球，而且是一个瘪了的篮球。

"嘿，"同班同学子涵走了过来，"小童，我觉得，你的投篮姿势有问题。"

"怎么会呢？"小童似乎不太相信。

子涵感觉小童没有因为自己的话而不高兴，只是有点儿不太相信，于是接过小童的篮球说："你持球的姿势没问题，投篮时手肘也能放松，其实，你的问题出在下盘。投篮时先要稳定住下半身，双脚甚至脚趾都要对准篮筐，这样你的身体就会保持同一个方向。"子涵一边说，一边摆好投篮姿势，"你知道吗？世界上任何伟大的射手都不是依靠手部动作来投篮的，而是先用双腿发力带动身体，然后完成整个投篮动作。"

随着子涵的话音落下，他手中的篮球也稳稳地投入篮筐。

"哇！"小童忍不住发出赞叹，"真棒！我根据你说的，再来试一试。"

找到症结后，小童专攻投篮动作。不过，改变不是一朝一夕就能完成的，他足足花了一个月时间，才终于找到投篮的感觉。

两个月后，队里搞了一次对抗赛，小童在这次比赛中找到了手感，找到了自信。他脚下稳，手上更稳，投篮命中率直线飙升，引得队员们频频惊呼，这真的是他们认识的小童吗？简直进步飞速！场边有家长和其他学员忍不住给小童加油鼓掌。小童身穿9号球衣，有的学员刚来，还不认识小童，就在场边大喊着："9号、9号，加油！"

小童不知不觉打了一波小高潮，最终他们队赢得了对抗赛的胜利。

这次比赛之后，小童真正体会到了打篮球的快乐，现在他每天都会去球场练习，投篮的命中率也越来越高。

猛禽对雀鸟能够一击即中，小童能够稳稳地将篮球掷入篮筐，依靠的都是熟练的技术和准确的节奏。如果你花了好长时间做一件事，却没有任何进展或进步，就需要停下来好好思考一下，到底是哪个环节出现了问题。因为哪怕是坚硬的石头，也有水滴石穿的一天。适时停下来思考，才能发现问题，进而解决问题，否则就是在原地打转，既浪费时间和精力，还会打击自信心，得不偿失。

你知道吗？世界上任何伟大的射手都不是依靠手部动作来投篮的，而是先用双腿发力带动身体，然后完成整个投篮动作。

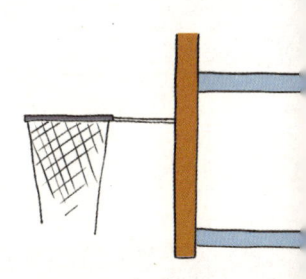

如果你花了很多时间做一件事，却没有进展，那一定是某个环节出了问题。

适时停下来思考，才能发现问题，从而更好地解决问题。

去发现和钻研你最擅长的东西，而不是去学别人希望你学的

每个人都有自己擅长和不擅长的事，所以，要学会挖掘自己身上的长处，并深入地钻研，而不是做别人希望你做，你却并不擅长的事情。

> 我有点儿担心明天的唱歌比赛会出洋相。

> 我听说你是被小麻雀说烦了，才决定跟她一起参加比赛的。可是，你根本就不喜欢唱歌。做自己不擅长的事情，当然不会取得好成绩。

孙子说了什么

故善战者,求之于势,不责于人,故能择人而任势。任势者,其战人也,如转木石。木石之性,安则静,危则动,方则止,圆则行。故善战人之势,如转圆石于千仞之山者,势也。

——出自《孙子兵法·势篇》

善于用兵作战的人,是自己造就"势"来取胜,而不苛求部下苦战,因此要选择能巧妙利用或创造必胜态势的将兵。善于利用态势的人,他们指挥军队作战,就像转动木头和石头一样。木头、石头的特性是,若地势平坦就静止不动,若地势倾斜就会滚动;方形容易静止,圆形容易滚动。因此,善战者所造成的态势,就像将圆石从万丈高山滚下来一样,这就是所谓的"势"。

周围许多孩子都会报一些课外班，小美的妈妈刚好认识一位钢琴老师，她就询问小美愿不愿意学钢琴。小美觉得无所谓，妈妈让她学，就试试呗。

老师很谦和，弹琴也很棒，小美一开始学得很开心，也很认真。可是，小美的指法总是不对，左右手更是不协调，两只手怎么也合不到一起。

"别着急，先一只手一只手地单独练习。"钢琴老师耐心地说道。

"好，我慢慢来。"小美很听老师的话，先是单手慢练，弄懂指法、音符、节奏强弱变化等，再去慢慢提速。可是，她的指法还是不对，节奏感也不好，慢慢来能稍微好点儿，一提速就乱。

"你怎么回事？"妈妈质问小美。

今天又到练琴时间了，小美先说鼻子痒，抠了几分钟鼻子后，又说渴了，喝了几口果汁以后，又说想上厕所。上完厕所回来后，终于开始练琴了，可是她还是没什么进步，弹得乱七八糟，而且，看起来很难受，仿佛屁股上长了疖子一样，怎么也坐不住。

面对妈妈的质问，小美低声回了一句："我没怎么……"

"还没怎么？你说你，一到练琴时间就各种理由和借口。你瞧瞧现在几点了，整整磨蹭了20分钟。你到底怎么回事？你这十根手指是摆设吗？玩游戏挺灵活的，怎么一到弹钢琴，就不知道往哪儿摆？"

听到妈妈这样说，小美的眼泪噼里啪啦往下掉，委屈极了。

"还有脸哭？都好几个月了，双手还是合不上！"妈妈看到小美哭，也很烦躁。这时，爸爸赶紧过来安抚母女俩的情绪。

这样的情况持续了不短的一段时间，不过妈妈觉得练琴就得吃点儿苦，所以每天逼着小美练。而小美似乎对钢琴产生了抵触心理，一坐到钢琴前，就磨磨蹭蹭，怎么也无法专心，有时候练着练着就开始哭鼻子。看着含着泪练琴的小美，妈妈既生气又沮丧。

家里的气氛不太好，周末这天，爸爸安排了一家三口出门逛街。走到集市时，看到一个免费画画的体验活动，小美顿时跃跃欲试，妈妈却说："行了，人那么多，别凑热闹了。"

小美忍不住央求："妈妈，你让我去吧，我肯定比刚才那个小男孩画得好。"

爸爸也帮小美说话："出来玩嘛，去画一个，爸爸给你录视频。"

可结果是谁也没想到的，小美画的人物素描让人十分惊讶，就连搞绘画活动的老师都说："这孩子真是天生会画画，是个好苗子。"

爸爸妈妈也十分惊讶，他们没想到小美居然有绘画的天分，被大家一通表扬，小美也很开心。

难道说小美擅长的是画画？小美妈妈忍不住这样想。

回家后，妈妈试探性地问了问小美："如果妈妈给你报一个美术班，你愿意吗？"

"当然愿意！"

小美又想了想说："妈妈，其实我早就想跟你说了。我很努力学钢琴了，但是我不喜欢弹钢琴，我的双手不协调，也没什么乐感。最近我看到钢琴就打怵……我就是不想让你和老师失望才坚持到现在的，但是我每天都太难了……妈妈，我喜欢画画，美术老师说我对色彩的敏感度很高。"

"那很棒啊，小美。其实，妈妈也没想过让你钢琴考到多少级，或者成为钢琴家，只是希望你能掌握一门乐器，或许对你的将来有帮助。"

"妈妈，我也不想半途而废的，也不想让你白花钱，但是，我更喜欢画画。"

"那就暂停一下钢琴课，明天妈妈就去考察一下绘画班。"

"哇，"小美忍不住扑进妈妈怀里，"妈妈，真是太好了！"

不久后，小美开始学绘画，她进步飞快，仿佛找到了自己真正的兴趣所在，还说以后要考清华美院。妈妈倒是没说什么，未来还很远，但是她很高兴眼下小美找到了自己感兴趣并擅长的事情。

每个人都有自己擅长和不擅长的事，所以，要学会挖掘自己的长处，并深入地钻研，而不是做别人希望你做而你却并不擅长的事情。

"木头、石头的特性是，放在安稳平坦的地势上就静止不动，放在险峻陡峭的斜坡上就会滚动。"

我们做擅长的事情时，就好像将木头和石头放在有斜坡的地方，你稍稍用力，它们就能动起来；做不擅长的事情，木头和石头就好像待在平地，无论你怎么努力推动，它们就是纹丝不动。所以，人生很漫长，从现在开始，努力找到你擅长的事情。无论是钢琴、绘画，还是下棋、打球，只要找到擅长的事情，就加油去学习吧，你一定会有所收获的。

难道说小美擅长的是画画？

不要盲目听从别人的"建议",做自己不擅长的事。

努力做自己擅长的事，你一定能取得成功！

劳逸结合，才能学得更好

两军交战，先到的人占据主动，后到的人遭殃。学习也一样，争一时之快并无用处，更需要的是劳逸结合和持久作战。

完了完了，为了今天的长跑比赛，我最近练太狠了，体能出现了问题……

你呀你，不是告诉你要劳逸结合嘛，怎么就不听话呢？！

孙子说了什么

孙子曰：凡先处战地而待敌者佚，后处战地而趋战者劳。

——出自《孙子兵法·虚实篇》

佚：通"逸"，安逸。孙子说：两军交战，凡先期到达战地，就能占据主动，安逸从容待敌；后到达战地就会紧张、劳顿。

这个暑假，豆丁过得很忙碌，也很辛苦。他上午去学编程，下午参加爸爸给他报的羽毛球训练班，每天爸爸负责接送他上课，晚上回到家吃完饭，还要上网课学英语。

豆丁已经打了不知多少个哈欠了。

只听咚咚两声敲门声，豆丁妈妈走进豆丁房间，来拿他的换洗衣服。豆丁看到妈妈立刻精神了一些，但是妈妈还是一眼就发现了豆丁的困意，忍不住问道："怎么困成这样？是不是昨天睡太晚了？"

"妈妈，"豆丁忍不住抱怨，"我好不容易放一个暑假，不是练口语，就是上网课，还得写暑假作业……我太难了……"

"不是你说班里好多同学都上网课，我才给你报名的吗？要是吃不消，妈妈就给你取消吧？"

"不行，"一听妈妈这样说，豆丁马上坐直了，"妈妈，我不困，你别取消了。"

妈妈又问："要不然，我让你爸爸把羽毛球课停了？"

"也不行，妈妈，我要加入羽毛球校队，必须加强训练。"

"那就把晚上的网课停了。"

"也不行，"豆丁抱着肩膀说，"妈妈，你别管了。我上学期没进前三名，班里学习好的那几个都上网课呢，我可不能落下。而且，我说过的，下学期一定要考第一名！"

"有目标是好事，但是也得注意休息啊。快点儿，今天就早点儿休息吧。"

"妈妈，我听说别人家都是拼命'鸡娃'，你怎么老催我休息呢？"

妈妈忍不住笑了,说:"连'鸡娃'你都知道啊,小瞧你了。"

"那当然了。而且,我不用你'鸡娃',我会好好学习的。"

"行。既然你什么都懂,那劳逸结合,你总该知道吧?这才刚放假一周,你就跟上了发条一样,能坚持到哪天?病倒了怎么办?等开学了咋办?"

"我没事的,妈妈,你别担心。"

这时从客厅里传来爸爸的咳嗽声。妈妈想了想,问豆丁:"是不是你爸爸说了什么奖励你的话?"

"没,没有。"豆丁摸了摸鼻子说道。

"你一撒谎,就喜欢摸鼻子。"

豆丁愤愤地甩甩手,说:"他答应我,下学期我考第一名,就奖励我一个新款平板电脑。"

"嘿,你们俩还瞒着我!"妈妈转身要出去质问爸爸。豆丁赶紧拉住妈妈,说:"别生气了,妈妈,是我跟爸爸说的,我想考第一名,也想要一个新款平板电脑。"

"有目标我不反对,好好学习我也高兴,但是,天天跟上了发条一样,你是坚持不了几天的。"妈妈说着,就把豆丁的平板电脑关掉,又开始收拾他桌上的书本,"你困成这样,网课能听进去吗?作业能写成什么样儿?不要为了学习而学习。今天好好睡一觉,明天有精神了,写作业就能事半功倍。"

"行吧,妈妈,那我今天早点儿睡。"豆丁拗不过妈妈,只好同意了。

结果，没过两天，豆丁自己就扛不住了，在打羽毛球的时候，突然流了鼻血，差点儿晕倒。豆丁也意识到自己的身体有点儿吃不消，只得取消了网课，妈妈又帮他缩短了羽毛球的课时。

后来，妈妈有意识地给豆丁安排一些休闲放松的活动，比如和爸爸一起带他出去踏青，逛逛博物馆，后来，一家人还去邻市旅游了几天。这个暑假，豆丁过得很开心，功课也没落下。

《孙子兵法》中说，两军交战，后到达战场的就会紧张、劳顿，很难打胜仗。学习也一样，人在疲惫的状态下学习，是很难提高效率的。而且，疲惫会导致人的记忆力下降。身体长期处于疲惫状态，心理上也会对学习产生很大的压力，甚至会对学习失去兴趣。因此，每天按时休息非常重要。精神好，学习状态就好，学习效率和学习的主动性也会提高。

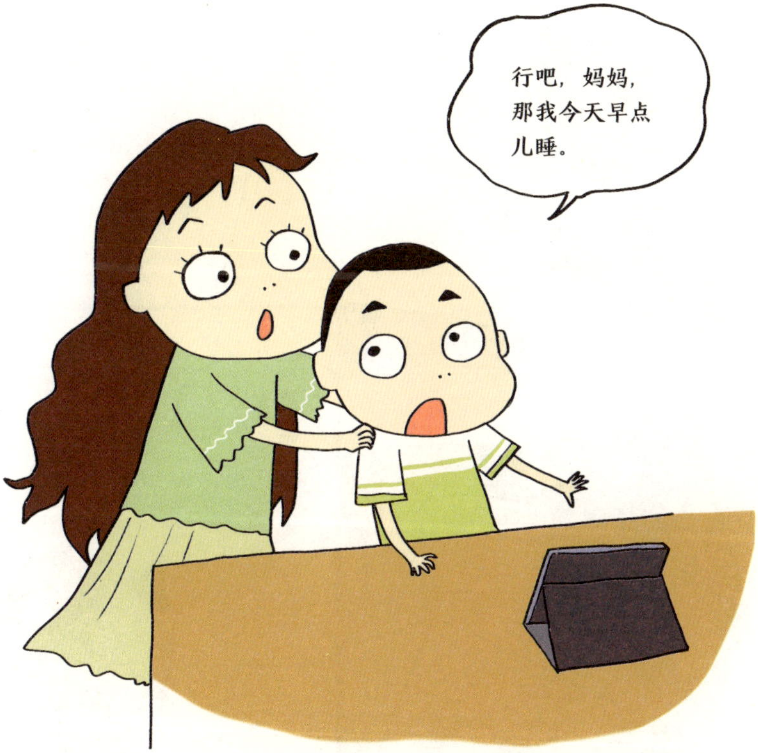
行吧，妈妈，
那我今天早点
儿睡。

在休息时间尽情放松，在学习时间全神贯注。

"劳"和"逸"的时间需要合理安排。

要保持自己的学习节奏，尽量不被其他事情打断

生活中，有很多环境因素会影响我们的学习和社交，因此，要保持自己的学习节奏，尽量不被其他人或者琐事打扰。

> 我的弟弟妹妹们太吵了，一会儿问我问题，一会儿找我玩。唉，我想安静地学习一会儿怎么这么难呢？

> 离开家就行了啊，森林里有不少能安静学习的地方。

孙子说了什么

故善战者，致人而不致于人。

——出自《孙子兵法·虚实篇》

致：引来，这里是调动的意思。致人，就是调动敌人；不致于人，就是不被敌人调动。这句话的意思是：善于指挥作战的人，能设法调动敌人而不被敌人调动。

子涵和冬冬是一起长大的玩伴，两个人关系很好，两家人也很熟，常来常往。现在子涵和冬冬读同一所学校，不过不在一个班，两个人经常约在一起学习，一起玩。

　　今天放学后，两个好朋友又在小区里碰面了。

　　"嘿，子涵，"冬冬很热情地打招呼，"我都好几天没看到你了。"

　　"是啊，今天真巧，"子涵也很开心见到好朋友冬冬，赶紧迎了上去，"我最近忙死了，都没空找你玩。"

　　"我知道。我听我妈说了，你爸爸妈妈给你报了不少班，特辛苦吧？"

　　"唉，"子涵叹口气，"谁让我上学期成绩不太好呢！我妈这学期天天盯着我学习，不把我成绩搞上来是不会罢休的。"

　　"那，你还有时间玩吗？"

　　"也有一点儿吧，我也不能天天除了学习，还是学习。"

　　"那周六，你来我家吧。我爸上次出差回来给我带了一幅拼图，很酷。"

　　"我……"子涵有点儿犹豫。他是真的很想和冬冬一起玩拼图，拼完图真是太有成就感了，可是，周六上午有编程课，下午有羽毛球课，他哪个都不能落下。

　　"哎哟，有什么好犹豫的啊？周六就应该好好休息。这样吧，你肯定是不敢跟你妈妈请假，我让我妈帮你请假，怎么样？"

　　"好像，是个办法！"

　　晚饭后，妈妈问子涵："是不是你让冬冬妈跟我请假的啊？"

"呃，算是吧。冬冬想约我玩拼图，怕我不答应，就想了这个法子。"

"那我问你，你是怎么想的？"

"我其实有点儿纠结。"子涵说，"周六上最后一节编程课了，我不想错过。下午有羽毛球课，虽然打球挺累的，不过我教练很厉害的。但是，妈妈，你知道的，我也挺喜欢玩拼图的……"

"别纠结了，鱼和熊掌不可兼得。"妈妈说，"再说了，编程课还有羽毛球课都是固定课程，你都坚持到现在了，就不要被其他事情打扰到，按正常计划上完课。平时学习也是一样，该预习就预习，该复习就复习，不能因为别人约你，你就把手头的事儿都放下吧？"

"嗯，知道了妈妈，不打乱我自己的节奏。"

"是嘛。而且，冬冬的拼图也不会自己长腿跑了，你可以下周再约冬冬。"

子涵被妈妈的话逗笑了，笑着说："没错，拼图肯定跑不了。"

《孙子兵法》中说过，善于指挥作战的人，能设法调动敌人而不被敌人调动。这句话放到学习上可以理解为：我们要保持自己的学习节奏，而不被其他人或是琐事所打扰。什么是学习节奏呢？比如，按照制订的计划完成每天或每周的学习任务，按照一定周期完成一个学习项目。一旦习惯并掌握这种节奏，你就能像弹钢琴一样，越弹越流畅。

保持自己的学习节奏，不要被其他事打扰。

学习任务完成了，才能放松、专注地做其他的事情。

学习很难做到面面俱到，要懂得抓重点

随着学习内容和难度的不断增加，我们很难做到把所有的知识点全部掌握，所以，一定要懂得抓住重点。

马上就要考试了，这本书我才看了一点点，怎么办啊？

抓住重点，集中火力就行了。

孙子说了什么

吾所与战之地不可知，不可知，则敌所备者多；敌所备者多，则吾所与战者，寡矣。故备前则后寡，备后则前寡，备左则右寡，备右则左寡，无所不备，则无所不寡。寡者，备人者也；众者，使人备己者也。

——出自《孙子兵法·虚实篇》

敌人不知道我军进攻的地点，就会多处分兵设防；敌人设防的地方多了，我方攻击的敌人就少了。所以着重防备前方，后方的兵力就薄弱；着重防备后方，前方的兵力就薄弱；着重防备左翼，右翼就薄弱；着重防备右翼，左翼就薄弱；处处防备，就处处兵力薄弱。敌军兵力薄弱的原因是兵力分散；我军兵力多，是由于迫使敌人分散。

"啊！"这是苗苗发出的第三声哀号。苗苗的爸爸和妈妈正在看电视，夫妻俩对视了一眼，又头痛又心疼。

"这是被难题卡住了？"爸爸问道。

"肯定是，要考试了，又头痛数学。"妈妈说，"你数学好，你去帮帮她吧。"

爸爸走进苗苗房间时，苗苗的头发已经被她揪得乱七八糟，书桌上的书呀，本子呀，也堆得乱七八糟的，看样子十分痛苦。

"爸爸帮你理理思路，怎么样？"

"可是，爸爸，来不及了吧。离考试只有两周了……我有一堆搞不定的题。"

"学数学需要一些技巧和思维，我帮你梳理一下课本上的重点和难点。只要你能攻破一些难点，考试成绩总不至于太差的。"

"爸爸，那你快点儿吧！我现在已经死了很多脑细胞了。"

爸爸揉了揉苗苗的头说："脑细胞死多少我不知道，你要是再这么抓下去，头发变成鸡窝是没问题的。"

爸爸看了看苗苗近期的几张试卷和练习题，发现问题出在应用题上。

"你这个应用题错误率比较高。"

"可不是嘛，爸爸，到底谁出的数学题啊，到处是小明，简直是戏精，奥斯卡都应该给他一个提名。"

"哈哈哈！"爸爸听到苗苗的吐槽忍不住笑了起来。

"那只是个代称好不好？是小明还是小方都不重要，重要的是这个人做了什么，这就是题干。做应用题，动笔之前要先审题，读懂小明要做什么。比如这道题啊，小明家养了15只鸡、10只鸭，每只鸡每年……"

"你看，又是小明吧？他又来了。"

"注意审题！"爸爸轻拍了一下桌子说，"我看你就是老盯着小明、小方不放，不认真审题，所以一下笔就错。这次期末考试前，我就专门给你训练一下应用题的审题！"

"好好，听你的，爸爸。"苗苗看到爸爸认真帮自己复习，也端正了态度。

就这样，在考试前的两周，爸爸每天帮苗苗重点攻克应用题，并且帮她理顺了本学期课本上的重点，然后再做习题。不管考试结果如何，苗苗至少从心理上不畏惧数学了，她好像找到了一些学数学的思路和灵感。

有的人语文好，有的人英语好，其实很难面面俱到，让所有科目都学得好，所以，在日复一日的学习中，懂得抓住重点非常重要。

在学某一门学科，尤其是自己"瘸腿"的学科时，更是要把时间和精力放在最重要的知识点上，先解决了"难点"，找到自信心或者乐趣，再尝试着攻破更多知识点，而不是一开始就眉毛胡子一起抓，反而抓不住重点，并且容易丧失自信心。

我是能帮她搞定几道题，但是考试是需要系统复习的，还是得她自己来。

啊啊！

一周后

这葡萄怎么好像长不大呢？我再观察几天吧。

哇，都结满了，我可太厉害了！

两周后

天哪，怎么这么酸啊……

什么都想要，最后可能一样儿都得不到。

獾先生，你的葡萄长得可真好。我那棵葡萄树，结了好多果子，但是突然就不长了，味道也不行，特别酸。

你是不是没有疏果？

像这样，把长得不好的果子剪掉，就是疏果。

啊，为什么啊？

一棵树供应的养分是有限的，覆盖不了所有的果子，所以要抓重点。剪掉长得不好的果子，养分就集中到好果子上，这样它们才能越长越大、越长越甜。

我明白了，獾先生，不能求全求多，要抓重点。

学习要懂得抓重点，不能求全求多。

别人的学习方法，不一定适合自己

如果你买一本讲学习方法的书，估计里面会有好多种方法，但是哪种方法适合你呢？你得多多尝试才能找到最适合你的。

您说到底哪种学习方法最适合我呢？

这个问题我可回答不出来，你得自己去摸索最适合自己的方法。

孙子说了什么

人皆知我所以胜之形,而莫知吾所以制胜之形。故其战胜不复,而应形于无穷。

——出自《孙子兵法·虚实篇》

人们都知道我克敌制胜的方法,却不知道我是怎样运用这些方法来制胜的。所以每次取胜,都不是重复老战术,而是根据情况灵活作战,来对应变化无穷的形势。

"空山不见人，但闻人语响。返景入深林，复照青苔上。"

爸爸和妈妈在客厅就听到小树在房间里大声朗读古诗词。爸爸一边看电视，一边说："小树最近很上进啊。"

"上次语文考试，默写古诗词没答上来，有点儿着急了，最近写完作业就专攻古诗词。"

小树爸爸调小了电视的音量，说："听了一会儿，好像还是这首王维的《鹿柴》。"

"看样子是反复诵读。"

"这方法管用吗？"

"对我是管用的，我小时候就这样读的，我还是去看看小树吧。"妈妈起身离开客厅，敲开了小树的房门。

"背得咋样？"妈妈轻声问道。

小树放下书说："别人念几遍就记住了，我就不行。妈妈，我这记忆力可能有点儿问题。"

"嘿，说什么呢？"妈妈拍了拍小树的肩膀，"每个人记忆的方法不同，别人的方法不一定适合你。你同学念叨几遍就记住了，这说明他快速记忆的能力很强，但是我不能确认他是不是理解了。我觉得理解古诗词以后，你背诵时头脑里就有诗词中描述的画面，背诵加理解，会记得更牢。"

"妈妈，我其实也理解古诗词的，但是脑海中的画面和嘴巴跟不上。"

"多念几遍，多想想古诗词描述的画面，或许就记住了。你想啊，'空山不见人'，你就想象你看到一座山，山上空无一人，很安静对不对？但是，怎么能一点儿声音都没有呢？有的，就是这句'但闻人语

> 怎么样？这么一说脑子里是不是就有画面了？

响'。你再想象一下，诗人只描写光秃秃的山吗？山中一定有景色对不对，接下来就是'返景入深林，复照青苔上'。这句话什么意思知道吗？"

"知道，"小树想了想说，"夕阳的金光射入深林中，又照在青苔上。"

"你看，你脑子里有没有画面？安静的山中，看不见人，却传来说话声，还有景色，先是夕阳照进林中，画面再近一点儿，又照在青苔上。"

"哇，我脑子里有画面了！"

"那就成了，再记住几个关键词，比如空山、人语、返景和青苔。另外，记不住一句，你可以先记第一个字。其实你已经读得很顺了，结合脑子里的画面，念叨几遍，应该能记住的。"

"有感觉了！"小树笑着说。

妈妈也笑着说道："其实就是在理解诗词意思的基础上，加一点儿强行记忆，多多练习，你也可以做到多念几遍就记住的。"

这世上的学习方法有千千万万种，记忆法也有许多种，但适合你的或许就一两种，方法不在于多，只有管用的才是最好的。学习时，不用羡慕别人的速度比你快，也不用在意别人的方法是不是最好的，只需在意你是否学到了知识，是否掌握了适合自己的学习方法就好。这样，你就能放平心态，安安静静地学习。而学习这件事从来不会骗人，只要你认真对待它，就一定会有收获。

学习方法很多，可以多尝试新的方法。

别人的学习方法不一定适合你，适合自己的才是最好的。

没有人天生是"学神",都是因为掌握了规律

你身边有被人称作"学霸""学神"的人吗?你是不是也好奇过,究竟有什么"秘籍",能使他们的学习成绩总是名列前茅?

他真是太神了!次次都能考第一!

哪有什么"神"啊,不过是他善于发现学习的规律罢了。遵循了规律,就能事半功倍。如果你能做到这点,你也是"神"!

孙子说了什么

夫兵形象水，水之行，避高而趋下，兵之形，避实而击虚；水因地而制流，兵因敌而制胜。故兵无常势，水无常形，能因敌变化而取胜者，谓之神。故五行无常胜，四时无常位，日有短长，月有死生。

——出自《孙子兵法·虚实篇》

打仗的规律就像水一样。水是从高处往低处流的，打仗则是避实击虚。水根据地形来改变流向，打仗则根据敌情来取胜。所以，战争局势是不固定的，就和水没有固定形态一样。能根据敌情变化来取胜的，就是所谓的"用兵如神"了。所以五行中，没有哪一个能永远保持绝对地位；四季交替，没有哪一个能固定不变。白天有长短，月亮有圆缺。

璐璐是桐桐身边最"牛"的一位朋友，她是同学们一致公认的"学神"。"学神"是大家对学习成绩优异的同学给予的最高崇拜。

桐桐免不了好奇：她怎么这么厉害呢？

这天周末，桐桐和璐璐约好，去璐璐家复习英语。她一进璐璐的房间，就看到了屋里摆着的一个小白板。桐桐好奇地看了眼白板，发现上面写着一个英语句型，底下列了好几个例句。

两人在屋子中间摆好一张小桌，席地而坐，开始复习。桐桐拿出词典，开始记单词。还没记多久，她就忍不住唉声叹气："唉，记住了也没用……这道选择题的单词我都认识，却还是不知道选哪个……"

听到桐桐这话，埋头看书的璐璐抬起头，想了想，说："其实，学英语最重要的不是背单词……当然，背单词是必需的啦，但就像建房子一样，单词只是砖头，怎么建房子也是关键……"

看桐桐既茫然又郁闷，璐璐拿过桐桐的练习册来，给她讲解那道题。

经过璐璐的讲解，桐桐发现，就像璐璐说的那样，这道题的单词选项是什么意思根本不重要，把"书"换成"板凳"还是"苹果"都无所谓，重要的是题目里句子的结构。

桐桐仿佛开了窍一样，说："哇，我竟然有一瞬间体会到了你们'学神'的世界有多奇妙！"

璐璐哈哈大笑，说："哪有什么学神啦！不过是掌握规律而已，我所有科目都是这样学的。"说着，她又指了指旁边小白板上的英语句子说，"就比如这个，你要是花时间去记这些例句的话，那可要费老劲了，但如果掌握了它们的基础句型，你自己就能写出一大堆例句！"

当天的复习结束后，桐桐感觉获益匪浅。原来，所谓的"学神"不过是比别人更善于发现规律、使用方法，并没有什么特异功能。桐桐想，往后的学习，她得换个思路了。没准儿有一天，她也能实现自己学习生涯的"神话"。

没有人天生是"学神"，每个优秀的人背后都有你看不见的努力。你也许会想，自己也认真努力地学习了，为什么成绩却不像"学神"们那么好呢？其实，他们除了勤奋刻苦以外，还有一个更重要的特征，就是他们善于把握规律，也就是《孙子兵法》中所说的"形"。学习的问题是不断变化的，他们能根据规律应对变化，这就是正确的学习方法。

学习时不把握规律，会感到很吃力。明明做了那么多题，考试的时候却还是不会。而"学神"们从不盲目做题，也不一定比你更刻苦，但他们懂得举一反三，吃透方法。掌握一种方法，能解答很多题。这样的学习效率最高，效果也最好。

> 其实，学英语最重要的不是背单词……当然，背单词是必需的啦，但就像建房子一样，单词只是砖头，怎么建房子也是关键……

学习的时候不把握规律，会很吃力。

掌握规律，举一反三，学习效率就会高起来。

走弯路是肯定会经历的，别担心

因为没能掌握学习方法，而导致走了弯路，这种令人沮丧的情况你一定有过吧？别担心，这只是学习必然会经历的过程之一。

唉，要是早知道这条路就好了。我也不至于翻山越岭走了那么远才能来这里。

没关系呀，这是大家都会经历的过程，而且，你走了那么多路，何尝不是一种锻炼？

孙子说了什么

孙子曰：凡用兵之法，将受命于君，合军聚众，交和而舍，莫难于军争。军争之难者，以迂为直，以患为利。故迂其途，而诱之以利，后人发，先人至，此知迂直之计者也。

——出自《孙子兵法·军争篇》

孙子说：打仗的步骤是将帅先接到命令，然后组编军队，筹备物资，最后和敌人正面交锋。最难的是争取作战的主动权，而这当中最难的，又是化弯路为近道，化不利为有利。走弯路能引诱敌人上当，虽然比敌人晚出发，却能比敌人先到达战场。这就是懂得以迂为直的方法了。

"妈妈，我也想学唱歌！"

一个周末的晚上，桐桐突然跟妈妈这样说。此时，她正目不转睛地看着电视屏幕，电视里正在播放一档歌唱竞赛节目，表演者都是正在上中学的哥哥姐姐们。他们声情并茂的演唱感染了现场观众，也感染了电视机前的桐桐。

桐桐妈妈听到后高兴极了。看着别人家的孩子一个个能文能武的，她一直都非常希望自己家孩子也能有点儿什么特长。

"好啊！"妈妈马上回应，"明天我就去给你报班！"

妈妈说到做到。第二天一大早，她就去了本市最好的一所课外声乐培训学校，几乎是赶着学校工作人员上班的点儿，给桐桐报了名。

报名的过程中，负责接待的工作人员和课程主讲许老师在各方面都表现出了很强的专业性，妈妈对此很放心，于是跟他们提了个要求。

"那个……老师啊，是这样的，我家孩子很想参加×××办的那个歌唱比赛……桐桐现在十一岁了，你们能不能让她直接开始学唱？这样她练上一年就能去参加比赛了。"妈妈拿着学校的课程设置详情单，指着上面的乐理课、练声课说，"这些乐理、练声什么的能不能就先别上了？"

"我明白您的意思，"许老师礼貌地说，"不过，乐理、练声等课程都是基础，我们不建议孩子在没有基础的情况下直接开始学唱，那样很难唱得专业，还会损伤孩子的声带。"

妈妈没有理会许老师的建议，急于"望女成凤"的她固执地要求直接学唱。没办法，许老师只好做出让步。

"好吧，那我们让桐桐先照您的要求上一段时间的课，看看情况再说吧。"

桐桐开始上课了。按照妈妈的要求，她跳过了所有的基础课，直接开始学唱。每次练完一段曲目，她都很有成就感。

用不了多久，我就能参加比赛啦！桐桐高兴地想。

然而，充满成就感的日子只持续了不到半年。有一天早上，桐桐刷着牙，突然感觉嗓子又痒又痛，忍不住干呕，声音也哑了。

这种情况持续了两周，在每次上完声乐课之后更加严重，最后桐桐竟然连话都说不出了，妈妈不得不带她去医院。结果真的如许老师当时所说，在没有练好基本功的情况下学唱，桐桐的嗓子唱坏了。

妈妈十分后悔，去声乐培训学校帮桐桐请假。

"我当初如果听你们的，就不至于走这个弯路了。唉，练了这么长时间，白练了不说，还把嗓子搞坏了……"

许老师安慰桐桐妈妈说："没关系，您别担心，很多学习声乐的人都走过这样的弯路。这也不算是白费了，可以当作经验教训，让孩子以后更加重视基本功的练习，您说是吧？"

这一次，妈妈严格遵照许老师的叮嘱，让桐桐好好地休养嗓子。

妈妈还多少有点儿为浪费了这么多时间感到可惜，但此刻嗓子疼到讲不出话的桐桐心里却在庆幸：幸好走了这么一段弯路，让自己真真切切地体会到了不练基本功的害处，以后可得好好地遵循科学的方法呀！

走弯路和失败不同，它的结果是成功的，只是过程很曲折，使用的方法比较"笨"。在你学会使用正确的学习方法之前,会有一段时间是盲目摸索的,没有明确的方向,因此会走一些弯路。这其实很正常,是每个人都会经历的,即使是那些成绩优异的人也不例外。

  不用为此感到沮丧,走弯路虽然看起来是浪费了很多时间,但它作为经验来说是很宝贵的。你摸索过,才更懂得正确方法的巧妙之处在哪里,也才更能吃透这种方法。这对你最终的学习成果是利大于弊的。

很多学习声乐的人都走过这样的弯路。这也不算是白费了，可以当作经验教训，让孩子以后更加重视基本功的练习，您说是吧？

不要害怕"走弯路"。

哎呀,可把我给累坏了!我要是早看见那几串,就不用白费这么大力气了啊!

好在葡萄非常甜!这次也算有了经验,下次少走点儿弯路。

对呀!对呀!

没关系的,这也不算白费力气,今天是你刚好碰到了我们,要是我们不在,没有人告诉你,你不是也得自己先爬上来,然后才能看见架子的另一边吗?

那倒也是……

对呀,我们也成了朋友。

每一次"走弯路"积累的经验,能帮助你以后少"走弯路"。

自信是必需的，但也别低估了困难

当你通过努力学习，有了充足的知识积累后，你是不是充满信心，好像什么都难不倒你？别冲动，实际的问题可能比你想象的要难。

我就不带水啦，太麻烦！以我的实力，一口气跑前三名没问题，用不着休息！

别盲目自信啊，这个天气，就算是你，一口气跑十公里也会虚脱的！

孙子说了什么

是故军无辎重则亡,无粮食则亡,无委积则亡。

——出自《孙子兵法·军争篇》

所以,行军打仗,如果没有军需物资、粮食给养、军需储备,是注定会败亡的。

为了参加新一届的少儿琵琶演奏比赛，小美已经认真准备很久了。

小美学习琵琶才刚满一年，她对琵琶很感兴趣，学得也很认真，而且艺术班的老师也评价她有天赋。

"小美，你一定要注意抱琴的姿势，你现在这个姿势特别消耗左肩和手腕的力量，这是个习惯问题，得有意识地去改……"

这周末，琵琶老师又在课上提醒了小美，这是她从开始学琴到现在一直存在的问题了。

"好的，老师，我也一直想改，但是每次弹着弹着就不自觉成这样了……"小美说。

"一定要调整，现在学的曲目都很简单，没有什么影响，但以后进阶到难的曲目，对肩膀、手臂力量和速度要求都很高，还这样抱琴的话，身体会吃不消的，更别说弹好曲子了。"老师说。

小美认真记下了老师的话，但是这并没有影响她参加比赛的信心。虽然她现在的抱琴姿势确实比较费力，练习的时间久一点儿，上身就开始酸痛，但她自认为，她的耐力还是很强的。

而且，这次比赛她准备的是一首基础版的曲子，对力量的要求不高，即便是用这样不规范的抱琴姿势，对付四五分钟的比赛，也完全不是问题。

比赛当天，小美信心满满，穿着妈妈新买的漂亮的演出服，神态自若。

刚开始，她的动作优雅自然，琴声美妙动听，评委们都不自觉地流露出赞许的表情。可是，刚弹到两分多钟时，小美就感到左肩一阵发酸。她心里一慌,突然意识到,她今天穿着旗袍演出服,没办法像平时一样随性地坐着,肩膀手肘的活动有点儿受限,这让她那不规范的抱琴姿势暴露出了弊端。

弹到后面,小美已经手指发胀,弹错了好几处,评委们都表现出了惋惜。

比赛结束后,小美情绪低落地回到后台,琵琶老师的表情很复杂。

"这怪我,我应该提醒你,早点儿试穿演出服适应一下的……"老师有点儿惭愧地说。

小美沉默着,半天没有说话。末了,她抬起头,诚恳地说:"不,老师,这怪我自己,我早就应该纠正抱琴姿势的。"

学习时保持自信的状态是很有必要的,但有时也不能过于自信,低估了困难。因为,那些看起来很简单的学习任务,实际做的时候还是会出现各种你预料不到的状况。就像那些看似简单的数学题,没准儿都藏着让你犯错的陷阱。

即使是在很有把握的情况下,你也不能觉得万无一失了,还是得保留一些时间和精力,用来解决那些可能出现的问题。既要自信,也要谨慎,认识自己能力的局限性,才能让学习成绩平稳地进步。

很多时候，事情不会像你想象的那么顺利。

自信很好，但也要谨慎一些。保留时间和精力，才能从容面对"意外"。

干脆利落才能效率最高，千万不要拖拖拉拉

你是不是有过把学习任务拖到最后一天才去做的时候？或者三天就可以写完的作业，却写了一周？做事拖拖拉拉可不是好习惯，学习也一样。

我是先玩一会儿，还是把作业写了再玩呢？

当然是把作业写完了再玩，每天都这样拖延的话，作业要到猴年马月才能完成啊？！

孙子说了什么

故其疾如风,其徐如林,侵掠如火,不动如山,难知如阴,动如雷震。

——出自《孙子兵法·军争篇》

疾速行军时要像狂风,缓慢前行时要像整齐的树林;攻打敌人时要像燎原的烈火,驻守时要像难以撼动的大山;隐藏躲避时要像日月藏入乌云那样,发起猛攻时则要像迅雷不及掩耳。

现在是早上六点五十，离出门只剩十分钟了，小宝却还在慢吞吞地啃他的饭团。爸爸妈妈已经催了他好几次，他却一点儿也不着急，就跟今天不上学似的。

"你今天要是又迟到挨批，晚上回来可别哭丧个脸！"爸爸生气了。

小宝踩着点儿赶到了教室，因为一路上跑得气喘吁吁，上课铃响后，他花了至少十分钟的时间才让自己完全平复下来，根本没有注意听老师讲什么。

第一节课结束后，组长来收作业，小宝正在埋头狂写，顾不上再跟组长说话。剩下的那些题目，他都只扫了一眼就开始答，答对答错他也顾不上了。

午休时，小宝想把上午第一节课落下的那十分钟的内容补回来，可是，他刚打开课本，就被同桌新买的课外书给吸引过去了。他看一会儿课文，跟同桌聊一会儿天，午休时间结束，他也没有把那点儿内容补完。

上午交的作业发下来了，结果比小宝预料的还要惨不忍睹，几乎满页的红叉。老师批语：重做。

重做？那加上今天的作业，岂不是得做两份？小宝焦虑得直挠头，他突然开始后悔，周末真该一鼓作气把作业写完的，其实也就需要不到一晚上的时间而已，自己究竟在磨蹭些什么呢？

下午的几节课，小宝都没法儿专心听，因为他忙着在心里祈祷：这课今天千万别布置作业啊，不然晚上我可睡不了觉了！

老师们显然听不见小宝的心声，英语有作业，美术还有作业。

更让小宝觉得头大的是，他下午都没怎么听课，这作业要怎么写？他还得先把今天的课复习了才行吧？

晚上九点半，小宝刚刚把上周末需要重做的作业完成了，并且还检查了一遍。

他痛定思痛，坚决抵制住了各种娱乐活动的诱惑，继续写今天的作业，并且设了闹钟，规定自己必须在四十分钟内完成。

闹铃响起时，小宝满意地合上了作业本。

哎呀，高效率的感觉真棒呀！让人感觉好轻松！我再也不拖拖拉拉了！小宝想。

做事拖拖拉拉是个非常不好的习惯，会导致后面的计划也都跟着延期。有些事情延期一下也许没什么，但有些事情会因为拖延而低效甚至失败，学习就是如此。

不如现在就开始督促自己，不管是写作业、复习功课，还是课外兴趣班的学习，如果开始了，就及时、高效、干脆利落地去完成。学的时候不要玩一会儿、学一会儿，当天的任务就当天完成。慢慢把拖延的坏习惯改过来，你会发现，你每天的学习生活都能不慌不乱、有条不紊地进行，你的付出也能很快就看到成果。

> 重做？那加上今天的作业，岂不是得做两份？

一件事情拖拉、迟迟完不成，后面的计划也会跟着延期。

学习拖拖拉拉是大忌，当天任务就要当天完成。

充满自信，才能有学习的气势

一般来说，先取得不错的学习成绩，才会产生自信。但实际上，你不妨反过来试试，先相信自己可以做到，这样的气势将对提高成绩很有帮助。

> 啊……明天就要比赛了，可我心里一点儿底都没有……

> 别紧张，相信你自己，只要平时努力过了，就没什么好怕的。拿出点儿气势来，战战兢兢、消沉退缩可不利于比赛的发挥啊！

孙子说了什么

故三军可夺气,将军可夺心。

——出自《孙子兵法·军争篇》

对于敌人的军队,可以挫伤他们的锐气;对于敌人的将帅,则可以扰乱他的决心,让他丧失斗志。

班主任刘老师因为苗苗的偏科问题找她谈话了。

为了不伤害苗苗的自尊心，刘老师专门找了自习课时间，办公室没有其他人在的时候和她谈，但这并没有让苗苗感觉好一些。此时的她，低着头站着，像个做错事的小孩，不断用手指搓着衣角。

"你是不是在数学上遇到了什么困难？需要老师的帮助吗？因为我很想知道，为什么你其他学科成绩都那么好，数学却差这么多……"刘老师关切地问。

苗苗只是搓着衣角，好像没听到老师的话一样。

"张老师说，你一上他的课，就像是蜗牛缩进了壳儿里，从不主动提问，也不举手回答问题。有时候他点名让你回答，哪怕你答对了，也是畏畏缩缩的样子……"刘老师耐心地引导苗苗开口，"你在别的课上可是很活跃的呀！"

沉默了半晌，苗苗终于开口了："我数学成绩这么差，哪好意思'活跃'……老师提问，数学课代表都没举手，我一个数学不及格的人举手……我怕被人笑话……"

"没人会笑话你的！"刘老师说，"我明白了，你这是不自信呀！"她没有继续就这个问题往下说什么，只是问苗苗，"你想把数学成绩提上来吗？"

"当然想啊！"苗苗这时突然抬起头来，"刘老师，我可没有放弃啊！只是我想先默默地努力，等成绩变好了，我对这门课的自信就回来了。我保证，到那时候我的状态肯定会不一样的！"

刘老师想了想，说："那，不如你反过来试试呢？拿出你学习其他科目的那种气势来，试着跟自己说'我肯定能学好'之类的话，积极回答问题，不懂就问，看看一段时间之后，有没有什么变化。"

一开始，苗苗并没有把刘老师的建议放在心上。

新的课程又结束了，在苗苗的"默默努力"下，她的数学成绩依然没有起色，刘老师也一直关注苗苗的情况。

"苗苗，从下周开始，你来当数学课代表吧！"刘老师又一次跟苗苗谈话时，突然提出这个要求，"我跟张老师说好了的，他也同意。"

"啊？刘老师，这……"苗苗不知所措地说。

"就这么定了！"刘老师轻松地掐断她的话头，半开玩笑半认真地说，"当了数学课代表，你就别指望能在这门课上当'隐形人'了啊！快去吧，去找张老师，他应该有任务要安排给你！"

苗苗硬着头皮当起了数学课代表。尽管她心里有点儿窘迫和抵触，但是责任心促使着她开始面对问题，试着努力当好这个课代表。

之后，在数学课上，当苗苗再次犹豫要不要举手回答问题时，她想的是"这个问题上节课我记过笔记了，应该不会答错的"，而不是"算了算了，别丢人了"；课后，当她遇到难题，犹豫要不要请教同学或老师时，她想的是"我提个问题而已，没人会笑话我什么的"，而不是"算了算了，会被笑死的"……

一段时间后，苗苗找到了一点儿学习数学的感觉，而她的成绩竟然也有所提高。这次数学小测验，她从不及格上升到了七十五分。

尽管比起数学成绩优秀的同学，她还有很大的差距，但她从前那种自卑的心理渐渐消失了。

刘老师没有再找苗苗谈话，她已经从张老师口中了解到了苗苗最近的状态变化。苗苗也明白了刘老师给她提建议的良苦用心，当张老师欣慰地表扬她的进步时，她和刘老师心照不宣地看了对方一眼，笑了。

你也许会说：学习成绩好的人才有自信呢，我成绩平平，哪有那样的气势？其实，自信并不只是成绩好的结果，有时可能是成绩好的原因。《孙子兵法》中曾说过，打仗的时候，将军和士兵们如果信心不足，就会缺乏斗志，导致失败。学习也是这样的。

如果你的成绩不理想，在学习中缺乏自信，不妨试着调整一下自己的心态。充满自信，不是指"这次我一定能拿高分""我肯定能超过某某某"之类的信誓旦旦，而是要相信，只要平时努力过，相比以往的自己，就一定会有所进步。有了这样的心态，你就有了自信的气势，它能让你注意力集中、思路清晰，进而也能为你的学习助力。

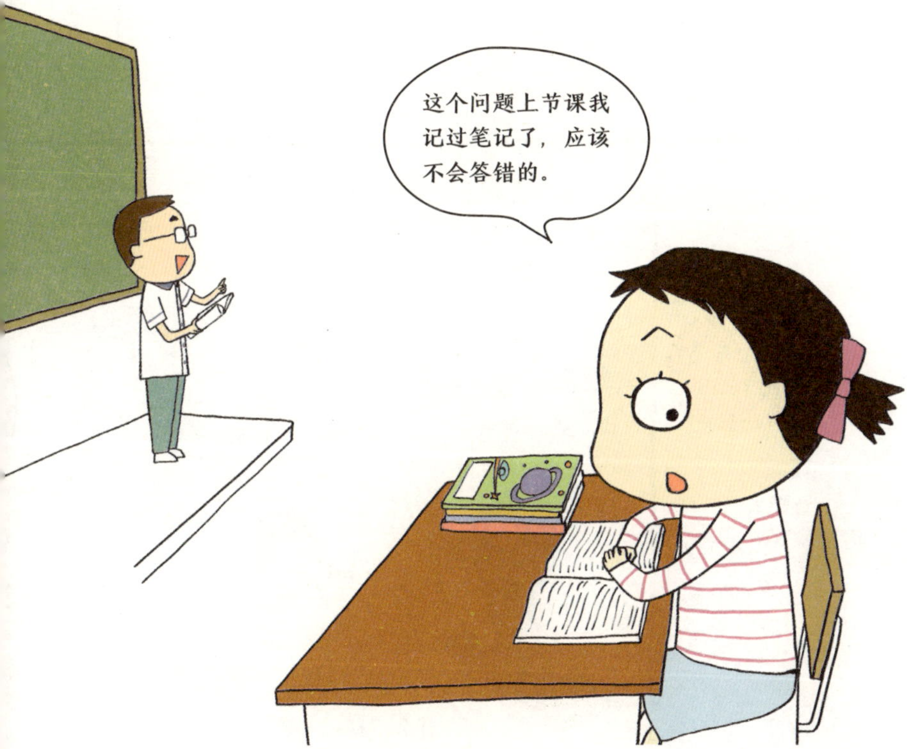
这个问题上节课我
记过笔记了，应该
不会答错的。

他们好像都很厉害的样子……

哎呀，真是笨死了！

多多，这套动作你之前不是做得很好吗，怎么又不会了呢？今天你上得了新课吗？

哗啦——
哗啦——

多多，你想试试我的"秘密武器"吗？

什么"秘密武器"？

信心不足很可能会影响发挥，导致失败。

这是奇妙能量徽章，戴上它，不管学什么都能变得很容易，我都是戴着它上课的。这节课先借你用，用完之后记得还给我。

那个……老师，我能再试一次吗？

可以呀，你有信心了吗？要好好发挥哟，这样我才能判断你究竟学得怎么样了。

啊，这么神奇吗？我要试试！

嘎嘎，真谢谢你！这徽章果然神奇，这节课我学得很顺利！

多多，做得不错！

哈哈，不用还给我啦，这其实就是个普普通通的纸片儿而已，没什么奇妙的能量，是你的自信心帮了你！

当然了，我戴着能量徽章呢！

相信自己是成功的秘诀之一。

学习不能死记硬背

学习的时候，有的内容需要思考，有的内容需要记忆。在需要记忆的时候，你有什么独特的方法，还是仅仅靠死记硬背呢？

哎呀，累死我了！这么多的货物，我要运到什么时候呀！

你这样一袋一袋地驮，当然又慢又吃力，开动脑筋想一想吧，一定有更巧妙、更高效的方法！

孙子说了什么

故用兵之法,高陵勿向,背丘勿逆……

——出自《孙子兵法·军争篇》

打仗的策略之一,就是敌军位居高处时,不要从低处向上攻击;敌军背靠山丘的时候,不要从正面攻击。

这学期开始，子涵的草稿纸越来越不够用了。

这天，在学校阅览室，子涵刚找到位子坐下，就从书包里掏出一个草稿本和一支笔，背起单词来。"vegetable"他已经背了好几个晚上了，却依然隔天就忘。

"v-e-g-e-t-a-b-l-e，vegetable，vegetable……"子涵握着笔，小声地挨个儿念出字母，嘴里每念一个的同时，手里就写下那个字母。他背了不到五分钟，面前的那页草稿纸上就已经写满了这个词，密密麻麻一大片。

"唉……"子涵抬起头看看窗外，自言自语道，"不看着它，就又忘了……"

子涵纳闷儿，这个词怎么就是灌不进脑子里去呢？他一直都是这样背单词的，以前学的单词还不多，大多数词也都很短，子涵还不觉得吃力。可是这学期开始，新词越来越多了，也越来越难了，很多单词都比较长，所以，他的草稿纸消耗得越来越多。

子涵正在发愣，突然被人拍了下肩膀。他回过神来，原来是同班同学小海，他也来阅览室学习。小海坐到子涵旁边，两人聊起来。

"上周新学的单词好难啊，我到现在还没有记住……"子涵沮丧地对小海说，"你课外一定花了不少工夫吧，昨天的听写你又是全对呢！"

小海是这学期的英语课代表，他的英语成绩一直很好。

"也没有额外花什么工夫，"小海说，"上周那些词虽然都很长，但我用的方法还是和以前一样的。"

"是吗？那——"这话激起了子涵强烈的好奇心，他把草稿本翻到新的一页，把笔递给小海，"那你是怎么记 vegetable 这个词的？"

"只要会读，就能写。"小海接过笔，他也是嘴里一边念，手里一边写，但不同的是，他没有像子涵那样，一个字母一个字母地念，而是按照这个词的发音音节，把它写成了 ve、ge、ta、ble 四个部分。

看了小海的演示，子涵顿时感觉好像——武侠电影里怎么说来着？——任督二脉被打开了似的。

"那……hamburger 是不是——"子涵拿回笔，有点儿犹豫地，一边念一边写了出来，"ham——ber——ger？"

"对啦！就是像这样！"小海说，"不过呢，有些单词的组词方式会有点儿特别，这里是 bur 不是 ber，稍微注意一下，记住这个小特点就 ok 啦！基本方法就是这样的。"

"哇！"子涵忍不住赞叹道。

在这之前，hamburger 这个词，他就只记清楚了"h"而已，后面一长串是糊涂的。没想到，按照小海巧妙的方法，他竟然能写个八九不离十。

子涵收起了草稿本和笔，他没好意思让小海看见他写的那些密密麻麻的纸页，他怕那笨办法被小海笑话。但是，他心里已经偷偷地乐开了花：哈哈哈，终于不怕背单词啦！

"小海，谢谢你把自己背单词的方法教给我！"子涵认真地同小海道谢。

小海挠挠脑袋，不好意思地笑了，说："同学之间就应该互帮互助！"

学习需要思考，也需要记忆，这两者不能分开。尤其在记忆时，是必须伴随着思考来进行的，否则就是死记硬背。死记硬背是最不可取的学习方法。靠死记硬背去学习，说明你没有真正理解所学的知识。没有理解，就不会运用，并且很快就会遗忘，这样盲目地学习很难取得好成绩。

《孙子兵法》是反对打仗时盲目地进攻的，认为要根据敌人的情况来制订不同的攻打策略。如果在理解的基础上去记忆，能真正对知识进行巩固，而且，你不会感觉很累，因为一边思考一边记忆，脑子里会自动形成图表，知识点都一目了然，这样学习的效果自然要比死记硬背好得多。

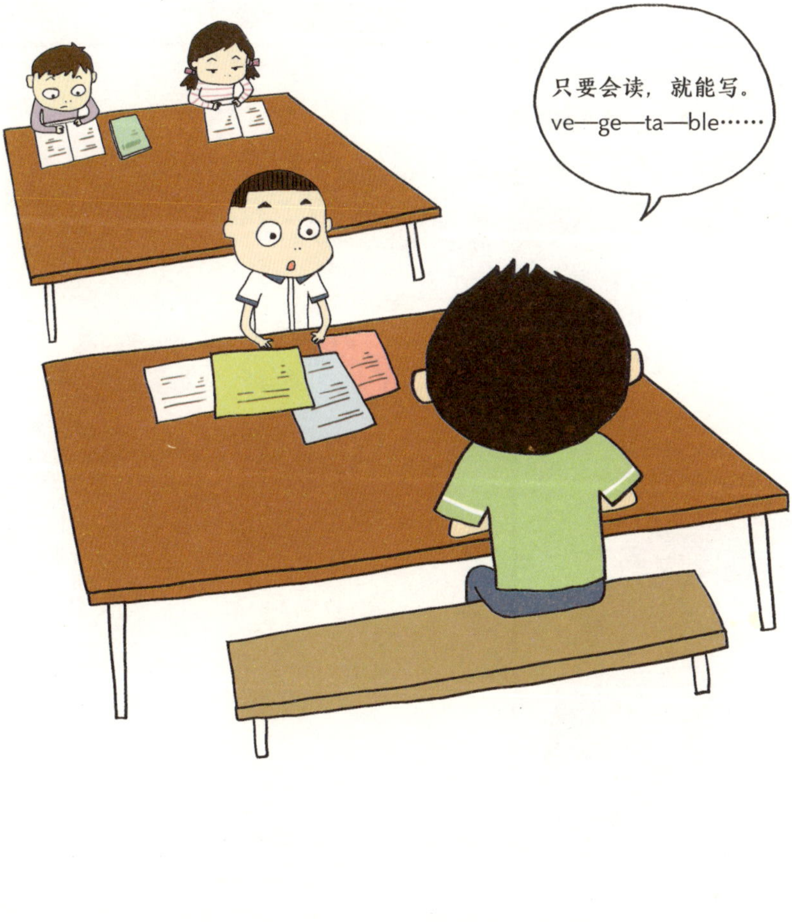
只要会读，就能写。
ve—ge—ta—ble……

靠死记硬背获得的知识，很可能没过几天就忘了。

1、2、3、4、5、6,一共6排,6乘以5,再乘以10,一共300根!果果,你今年可捡了不少啊,足够一个冬天用了!

嘿嘿,厉害吧?

你真聪明!这可比我硬着头皮数来得快呀,而且还准确!

哈哈,没什么啦,就是一个小妙招啦!

在理解的基础上记忆,知识会久久地留在你的脑袋里。

及时纠错，还蛮有快感

你平时是怎么对待考试或作业里的错题的？是习惯把它们积攒一堆，待到日后"集中处理"，还是马上纠正，及时复习相关的知识点？

> 唉，错了这么多啊。改天，专门来好好修改一下吧……

> 与其改天专门找时间，不如就现在！学习要趁热打铁，及时纠错，才有助于巩固所学的知识。

孙子说了什么

故兵贵胜,不贵久。

——出自《孙子兵法·作战篇》

因此,用兵作战贵在速战速决,不宜拖得太久。

豆丁的英语成绩不太好。

对待这门课，豆丁是很努力的。他在英语上所花的时间比其他科目的都要多，上课时，他听得很认真，没听懂的内容，课后都会主动向老师提问。他总是能按时完成英语作业，每次课前都会认真预习，课后及时复习。

按理说，有这样的学习态度，豆丁的英语成绩就算不拔尖，也应该是中上水平。可是，吴老师很纳闷儿：这孩子这么认真，为什么成绩总是不理想呢？

有一天，在一次随堂测验之后，吴老师给同学们安排了十分钟的自习时间，用来复习刚刚测验的内容。大家都埋头安静地复习，吴老师走到豆丁旁边，有意地停下来，默默地看豆丁是如何做的。

这节课的测验是几道针对课文重点所设置的选择题，一共五道题。豆丁将自己做错的选项用红笔打上叉，并在错误选项旁边写上了正确选项，然后就放下笔，翻到教材里原文所涉及的知识点，小声地诵读单词。

吴老师看到这里，忍不住皱起眉头。

"豆丁，你不打算先改错吗？"吴老师轻声问道。

豆丁听到吴老师的声音，愣了一下，然后回过神来，困惑地说："我改了呀？"

"你是指，你把正确选项写在错题旁边了，是吧？"吴老师说。看豆丁有些不知所措，吴老师接着说："纠正错题不只是把正确答案写在旁边就行了，这样做等于没有纠正。你需要分析错在哪里，最好再记录到错题本上。"

豆丁听后，犹豫地说："这……我知道错在哪儿啦，就是马虎了。"

老师接着说："虽然看起来就是马虎、审题不认真、单词背诵的问题，下次注意就行了，但是，有多少个下次呢？下次考试你就能改正这些问题吗？所以呀，听我的，豆丁，别怕麻烦，把这次考试所有错题都分析一遍原因，然后统统写进专门用来纠错的本子上，这样下次遇到同样的问题，我保证你一定不会审题不清，也不会再犯同样的低级错误。而且，现在你学的东西还比较简单，下学期需要背诵的单词更多，考试的题型也会更多，考点也会增加，比如关于词类、时态和语法的问题，如果没有一个错题本，你的习惯性答题错误就会越来越多，这样下去，怎么能提高成绩呢？"

豆丁心想：这真是个大任务啊……这下怕是要学得更吃力了！但他还是强迫自己，严格按照吴老师的要求去做了。

半学期过去了，豆丁逐渐养成了及时纠错并记录到错题本上的习惯。一开始，他觉得很麻烦，每次动笔前，都得想想吴老师对他的要求和叮嘱才能开始。渐渐地，他发现重新记录一遍错在哪儿，既能理清解题思路，还能再次强化记忆，下次遇到同样的问题，就好像有条件反射一样，绝不会犯错，甚至，偶尔也能发现老师出题的陷阱在哪儿。有一天，当吴老师在课堂上提了一个问题，并让豆丁来回答时，豆丁突然意识到，老师问的是上一次随堂测试时他答错的那道选择题，这一次，他果断地答对了。

豆丁没有和吴老师交流自己的纠错心得，但吴老师从豆丁的眼神和笑容里看出来了，他明白老师的意图，也做到了及时纠错。所以，期末的时候，老师毫不意外豆丁的英语成绩有了显著提升。

纠错是学习过程中很重要的一个环节。在平时的考试或作业练习中，出现错误是难免的，对待它们不能有逃避的心态，及时地纠正才是正确的做法。或许你还有一种想法，就是由于很重视错题，所以想找专门的时间重点攻克它们，但这样的做法是只能使错误累积地越来越多，等到从头再去梳理的时候，却发现已经不记得这个知识点的易错之处在哪里，又应该怎么样去避免和解决，反而要再花时间去弄明白这个错误，得不偿失。

在《孙子兵法》中说过，用兵作战贵在速战速决，不宜拖得太久，因为拖得越久，会耗费国家更多的人力财力。在学习上也一样，每个阶段有每个阶段的学习任务，及时纠错，能趁早解决你在这个阶段里遇到的问题，不至于拖泥带水，留到下个阶段，影响新课程的学习。当你及时地改正了错题，你会发现，这种高效的节奏、对知识的及时巩固，能让你更有信心准备学习新的知识。这些对你的整个学习都是很有益的。

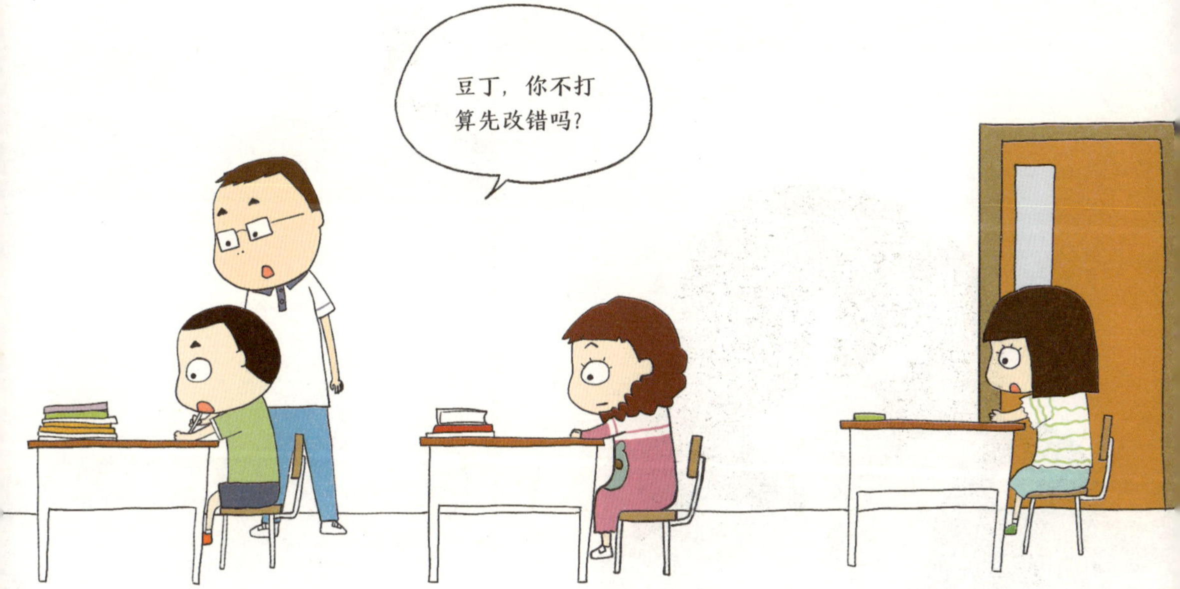
豆丁，你不打
算先改错吗？

出现错误很正常，不要逃避和拖延。

及时纠正错误，分析原因，能让你更有信心面对新的挑战。

捷径，可不好走哟

学习的道路很辛苦、很漫长，为了学得又好又轻松，有的人试图走捷径。但是，捷径好走吗？走捷径真的能学得又好又轻松吗？

妈妈说我今天飞五公里，把路程终点的那颗小石头拿回去给她，她会奖励我一件玩具。嘿嘿，何必那么累呢？抄个近道，只飞三公里就能到！

这样可不行，抄近道、走捷径看似能让你更轻松地到达终点，但这并不是你学习飞行的目的啊。不好好锻炼你的翅膀，以后可是要吃苦头的。

孙子说了什么

途有所不由。

——出自《孙子兵法·九变篇》

有些路不能走。

下周就要期末考试了，这段时间，同学们都有点儿紧张。

这天课间，小树正在复习数学，同桌明明从外面回到教室座位上，往课桌里随手塞了一本不知道什么书，然后就往课桌上一趴，准备睡觉。

"明明，你昨晚没睡好吗？"小树问。

明明转过脸来，无精打采地说："昨晚上我打游戏打到十点多，现在困死了！"

"打游戏？"小树惊讶地问，"要考试啦，你都不紧张吗？我每天写作业都写到十点多呢！"

"紧张啥？没必要那么累——"明明说着，突然直起身，从课桌里掏出刚才塞进去的那本书，递给小树，"这本练习题我还没看，你要是想看可以先拿去。这是我表哥给我的，他一直用这套书，说押题特别准，做一套，事半功倍！"

"还能押题？"小树接过书，好奇地问。

"对呀，这套书很灵的。你把这里头的题目做一遍，考试就不愁了！"

说完，明明就把脸埋在肘弯里打起盹儿来。小树翻着那本薄薄的书，半信半疑。

如果真的像明明说的这样，那可真是太好了。这学习方法效率多高呀，考哪些题，就只做哪些题，对于那些不考的内容，为什么还要浪费时间和精力去学呢？

就像他每天上学走路一样，从小巷子里直接穿过，要比走大马路节省将近一半的时间。能抄近道，何必走远路？

周末，小树把书里的题目认真地做了一遍，然后把书还给了明明。

果然，如明明所说，那本书"押题特别准"。这次期末考试，他和明明的数学都考得很好。他原本以为，期末考得不错，爸爸妈妈也高兴，他这个暑假应该会过得很爽。然而，事情却没他想的那么美。

在大家开心地收拾书包，准备回家过暑假时，数学老师把小树、明明和另外几位"数学尖子"留了下来。

老师发给他们每人两本练习题，说："你们几个这次都考得很好，照这个水平，暑假作业对你们来说都是小菜一碟了。我给你们两本进阶题，你们带回去做完，下学期争取参加数学竞赛。"

"啊？！"小树差点儿叫出声。

他翻了翻数学暑假作业。虽然他期末考了近乎满分，可在翻看这些作业时他发现，他和从前相比，并没有真正进步。这些作业对他来说，并不是"小菜一碟"，更别说那两本进阶题了。

他这时的感觉，就像一个冒牌货没经受住质量检验一样，羞愧难当。

"嘿，早知道这样，我还不如考差点儿呢！"明明在一旁抱怨道，"这下可好，被老师抓去参加数学竞赛了，这个竞赛题这么难，怎么办啊？"

小树也很后悔，但他想的是：再也不干这种走捷径的事儿了，我还是踏踏实实地学吧！

所以小树安慰明明说："没事的，反正还有暑假两个月的时间呢，我们一起好好努力，先把基础学扎实了，再去做进阶题，之后咱们去参加数学竞赛，到时候就算输了也没关系，因为我们努力了啊！"

　　学习的捷径是不好走的，因为学习的目的不是考高分，而是掌握知识、提高能力。走捷径或许能让你一次、两次侥幸考得好成绩，却不能真正提高你的能力。就好比跑步，只有认真地跑完全程，你的腿脚经历了足够多的锻炼，才能变得强壮。抄个近道或者跑累了干脆坐车回家，那就失去跑步的意义了。

　　学习的过程比结果更重要，走捷径只看重结果，舍弃了过程，是得不偿失的。并且，有时候即便走了捷径，也到不了目的地。因此，平时无论是上课，还是复习、写作业，都要踏踏实实地去完成，这样的学习态度才能保证你不断进步。

你们几个这次都考得很好，照这个水平，暑假作业对你们来说都是小菜一碟了。我给你们两本进阶题，你们带回去做完，下学期争取参加数学竞赛。

完了,追不上他们了,我可不想跑个倒数第一名啊……

我记得有条小路,可以……

哈!没记错,就是这条路,从这里过去再到大路上,就能赶上他们了!

哗啦

"捷径"可没想象得那么好走!

学习没有捷径，只有踏踏实实完成每一个任务，才能让你一直进步。

有些快乐的事，只能放弃

生活中有许多让我们感到快乐的事情，比如旅行、游戏，但是如果一直玩游戏，你也会感到无趣的。所以，该学习时就好好学习，需要休息的时候就好好休息。

> 我只想躲在家里玩游戏，才不想去参加什么跳高比赛。

> 一时随心所欲是很开心，天天随心所欲你就会失去目标，失去方向，感受不到乐趣的。

孙子说了什么

军有所不击。

——出自《孙子兵法·九变篇》

有的敌军（虽可以打）可以不去阻击。

子涵喜欢数学，每次上数学课，他都感觉时间过得很快。但是，他不爱写作业，他觉得在家写作业缺少课堂上热闹的学习氛围，所以每天写作业都磨磨蹭蹭的。今晚，也是如此。

"咦？"妈妈刚刚接了个电话，又继续陪子涵写作业，"怎么还是刚才那道题啊？"

"哦，"子涵低头一看，果然还是刚才那道题，"妈妈，我刚才走神了。"

"为什么你老是磨磨蹭蹭，每天都搞那么晚？"

"可是，妈妈，我每天上课都认真听课的，真的。老师讲的我都会了啊，为什么回家还要写作业……"

"数学老师跟我说她很喜欢提问你，因为你反应快，她讲课也有成就感。"

"你看！我没骗你吧？"听到数学老师也夸自己，子涵感觉很骄傲。

"但是，"妈妈停顿了一下，"数学老师还说你作业完成得不好，明明上课听明白了，晚上写作业时做错，考试的时候继续错。"

子涵撇撇嘴，老师说得没错，他好像找不到反驳的点。

这时，妈妈把子涵的被子掀起，平板电脑就躺在被子里面。

"我没玩游戏！"子涵喊道。

"我知道你没玩。但是，我要是不陪你写作业，你就会偷偷看短视频吧？"

"我就是看点儿钓鱼视频啊，还有一些科学实验之类的。这类视频不是游戏，能学到不少知识呢。"

"可是，刷短视频刷到停不下来，时间就这么飞快地过去了。"

"我没有一直刷啊……我就是写完一科作业，看会儿短视频歇会儿，就一小会儿嘛。"子涵耷拉着肩膀说道，"再说了，作业那么多，很烦的。"

"妈妈觉得每天陪你写作业也很烦。"妈妈也挺无奈的。

"啊呀，算了算了，要不你把我的平板电脑没收吧！"

"该写作业时就好好写作业，写完了你就开开心心玩一会儿，别总是一心二用的。"

"知道了。"子涵看着妈妈拿走平板电脑，晃晃头，继续写作业了。

不过自从"戒"了平板电脑，子涵写作业的速度快了很多，每天安心写作业，渐渐地，也就不再惦记玩游戏了。

时间对我们每个人都是绝对公平的，每个人每天都是二十四小时，所以，合理安排自己的时间就显得尤为重要。对于学生来说，学习是主业，学习累了就休息一会儿，下楼做做运动、打打球，都很好，但是玩电子游戏不是一个好主意，不仅不能放松身体，还伤眼睛，一旦沉迷于此，就会耽误学习。所以，不如该学习的时候就好好学习，理智地放下娱乐活动；该休息的时候，就好好休息放松。

累了可以休息一会儿，但千万不能耽误"正事"。

做任何事情都要专注，三心二意只会一事无成。

失败中得来的经验，最为宝贵

所谓"吃一堑长一智"，实验失败，考试没发挥好，这些都是生活中常见的失败案例，失败后不要沮丧，要知道，在失败中得来的经验最为宝贵。

> 我的飞行速度老是赶不上同伴，每次都是我掉队，可怎么办呀……

> 沮丧是没用的，不如分析一下问题到底出在哪儿。

孙子说了什么

是故智者之虑，必杂于利害。杂于利而务可信也，杂于害而患可解也。

——出自《孙子兵法·九变篇》

明智的将帅考虑问题，必定兼顾利与害两方面。充分考虑到有利的条件并去利用它，事情的成功就有把握；充分考虑到不利因素并去消除它，祸患才可能避免。

童童各科成绩都不错，尤其是数学，好像她天生逻辑思维比较好，好几次数学考试都考了满分。她不仅学习好，也积极参加班级和学校的各项活动，所以人缘也很好。小美就是童童的好朋友之一。

这天放学，小美和童童一起步行回家。小美忍不住看着童童的脑袋说道："童童，为什么你和我一样，都长了一个脑袋、两只手，可成绩却差十万八千里呢？你这脑子是不是有啥特殊构造？"

童童笑着抓着小美的手臂继续走路，说："瞎说什么呢？我看你脑子里才有特殊构造呢，整天都瞎想些奇奇怪怪的东西。"

"那你告诉我啊，为什么期中考试成绩那么好？"

"其实还真有一个法宝。"童童说到这里，停下来看着小美。

"你还故意卖关子！快说啊！"

"去我家吧，我给你看。"

小美跟童童回到家后，童童拿出了一个厚厚的有点儿旧的本子。小美打开那个本子，发现里面全是童童做的数学题。

"天哪，你这是做了多少数学题啊！"

"的确是做了很多，不过，这个本子主要是记录错题的本子。"

"这么多错题？"小美很惊讶。

"对呀，"童童又指了指书架上的数学练习册说，"我的确是喜欢数学，好像做对题就很有成就感。但是，有些练习册上的题我也会做错啊，所以我就把错题专门写进这个本子，分析算错的原因是啥。"

小美看到本子中不仅记录了很多解题步骤，还偶尔写几句做错的原因，"你可真厉害，你说得对，这的确是法宝。"

"你就别夸我了。我的经验就是，你会做的题，如果仔细一点儿，考试也不会答错。但是，你如果不分析错题的原因，你就永远跨不过这道坎，下次遇到还会错。"

"你说得太对了，我回家也要搞一个错题本！"

你一定听过一句话："失败是成功之母。"我们每个人都是从咿呀学语开始学汉语，从认数字开始学数学，但是总有人学得好，有人学得差，这当然和许多因素有关，不过，在错题中总结做错的原因，吸取教训，下一次犯同样错误的可能性就会大大降低，这是一个十分实用的提分方法。

有时候，我们还需要把眼光放长远一点儿，你想想，上一个学期，你一共记住了多少单词，背诵了多少首古诗，记住了多少数学知识点？总结一下你就会发现，一学期所学的知识点是固定的，而你如果清晰地知道自己掌握了哪些，以及容易在哪些题目上犯错，就一定能不停吸纳更多知识，并在错题中总结经验教训，不断进步。

失败很正常，不用害怕。

失败的滋味可能不好，但从失败中获得的经验可是很宝贵的。

学习，切忌急躁

任何人都有产生急躁情绪的时候，但是你会发现，急躁的时候做不好任何事情，比如，考试时急躁就会答错题，练书法时急躁字迹就会凌乱。

> 我天生急性子，我觉得我改不掉急躁的毛病。

> 谁说天生的就不能改？性格形成的因素很多，但是只要你想改，就一定能改好。

孙子说了什么

忿速，可侮也。

——出自《孙子兵法·九变篇》

孙子在提到将帅性格缺陷时，讲道：性情暴躁易怒，就有受敌侮辱而失去理智的危险。

小树整天风风火火的，班里的各项活动都积极参加，跑步想争个第一名回来，玩滑板也恨不得第一个学会，但是呢，只追求速度的他，可没少摔跟头。

妈妈为了改改小树这急火火的性格，就给他报了一个书法班，每周末跟老师学一次，然后每天在家练几页纸。

今天也是一样，小树刚从楼下打完球上来，累得满身是汗，就要练书法。妈妈看到了，赶紧让他先洗个澡。不到十分钟，小树就洗完出来了。

"妈妈，"小树冲正在书房加班的妈妈喊道，"我洗完澡了，回房间练书法了！"

妈妈也有工作要忙，就应了一声："好。去吧，好好写。"

二十多分钟后，妈妈加完班后，走进小树的房间，只见小树马上就写完了，可是写好的那几页毛笔字看起来歪歪扭扭、乱七八糟。

妈妈叹口气说："小树，你这写的什么字？歪歪扭扭的，再胡乱勾几笔，这'马'字就能长腿飞走了。"

小树抬头看了看妈妈手里的宣纸说："哪里歪歪扭扭的啊？我觉得挺好。哪有腿，哪有腿啊？"

妈妈指了指宣纸上的字说："没人监督你，你就应付。这一页重写吧。"

小树啪的一声放下手里的毛笔，说："这字有什么可练的嘛。现在大家都用手机和电脑打字。"

听小树这样辩解，妈妈很不高兴，说："你这孩子，还顶嘴！你说我为什么让你练书法？还不是因为你平时就急急巴巴的，练书法，能磨磨你的急性子，让你慢下来、静下来，做事专心些。而且，写一手好字的道理还用我多说吗？你就说你上次那张数学卷子，有道应用题明明算对了结果，可你的算式写得乱七八糟，老师就给你扣了分。"

小树觉得自己不占理，小声嘀咕了一句："我下次考试注意点儿就是了……"

"那今天呢？"

"我重写吧。"小树重新拿了一张宣纸，继续练字。

大约练了一学期后，小树的字写得好多了，再没因为字迹凌乱被老师扣分，脾性好像也比以前慢了一点儿。

生活中总有急性子和慢性子，哪种性格都各有各的优缺点，但是太过急躁或者太过拖沓，就会在做事情的过程中产生各种小问题，对事情本身的进度和效果并没有积极的影响。

就像文中的小树一样，他总是急匆匆地追求速度，这样做有时候会很高效，但是太过追求速度，就会欲速则不达，反而拖慢了进度。尤其是学习这件事，太过急躁，并不会提高成绩或者学习效率，反而会在被难题或考试卡住时心浮气躁，既解决不了难题，也解决不了学习本身的问题。

这字有什么可练的嘛。现在大家都用手机和电脑打字。

做事的时候越急躁越容易犯错。

学习中遇到问题，千万不能急躁，这不仅对进度的推进没有任何帮助，还会导致更多问题出现。

养兵千日，用兵一时，学习的成果并不只惠及考试

士兵经过长时间的苦练，只为了上战场的那一刻。学习也是一样，需要长年累月的积累，而考试只是为了检验阶段性学习成果，并不是学习的最终目的。

当学生可太不容易了，考试那么多，平时还要储备各种知识……

有句话叫"养兵千日，用兵一时"。有时候不能光强调士兵上战场的那一刻，平日里日复一日的训练才是根基。学习也一样，平日里好好学习，就不怕考试；平日里多读书，做人才有底蕴。

孙子说了什么

兵之情主速,乘人之不及,由不虞之道,攻其所不戒也。

——出自《孙子兵法·九地篇》

用兵之理,贵在神速,乘敌人措手不及的时机,走敌人意料不到的道路,攻击敌人没有戒备的地方。

果果和芊芊是好朋友，这源于她们俩的妈妈是闺密，所以，两家人的关系也很好。今年暑假，妈妈们带着果果和芊芊一起参加了海边亲子夏令营活动。两家人一路上有说有笑，旅途很愉快。

活动第二天一早，大家去海边看日出，在海边的沙滩上做游戏。

大海退潮后，沙滩上留下来许多小虾和小螃蟹，还有五颜六色的贝壳，果果和芊芊两个小伙伴在沙滩上边捡边玩，不知不觉捡了一小桶。

"快来喝点儿水，沙滩上这么热，可千万别中暑了！"果果妈妈看见两个孩子满头大汗地回来，赶紧拿冷饮给她们俩解暑。

冰冰凉凉的饮料一下肚，整个人就从里到外都凉快了起来，刚才的暑意瞬间就消散了，果果和芊芊开心地躺在沙滩上。

这时，芊芊妈妈走过来看着这满满当当的小桶，好奇地问道："你们俩都捡了些什么宝贝啊？"

一听这话，芊芊就从沙滩上弹了起来，她献宝一样数着小桶里的贝壳说："妈妈，妈妈，我捡了好多贝壳！好不好看？"

"好看好看，"妈妈略微有点儿敷衍，盯着各类贝壳和螃蟹说，"看来，晚上能饱餐一顿了。"

"妈妈，你可真是个吃货。"

这时，果果笑着对芊芊妈妈说："阿姨，晚上一定能让您饱餐一顿。"她说着把小桶里的海货倒了出来，"你们看，这是皮皮虾、泥螺、花螺、苦螺、海蚌，这是海葵，还有好几只螃蟹……还有这个，是海星，它断了一条腿，我想看看它的腿是不是像书里说的那样断了还能长出来，所以就把它也捡了回来。"

听了果果的介绍，芊芊高兴地鼓起了掌，说："果果姐，你太厉害了，啥都知道！"

"不错，不错，待会儿回酒店我就把它们煮了！"芊芊妈的一句话，惹得大家都笑了起来。

芊芊扯着妈妈的手臂撒娇说："我可是在泥里摸了好半天，才捡到这么多呢，你多给我留点儿。"

"是是是，有你的功劳，"芊芊妈说，"不过，也不全在你。"

"当然还有果果姐。"

"是，你们俩的功劳。不过，还有一个原因，再想想。"芊芊看出来，妈妈这是在考她，可是，她不知道啊，只能求助地看着果果姐。

果果说："因为今天是满月，十五。"

看到芊芊很疑惑，果果继续解释道："赶海要想收获多，就得了解潮汐时间。来之前，我查了资料，渤海湾的潮汐是初一和十五'两头潮'，每月的这两天潮汐落差最大。落潮时，海水后退数百米，会形成滩涂，滩涂里呢，就埋着各种海洋生物。我们今天来，是最佳赶海时间，所以收获多。"

妈妈们笑着点头，异口同声地夸果果很棒，芊芊觉得果果姐就是她偶像。

回去的路上，她发现果果姐一直拎着一个塑料袋，就问道："姐姐，你拿着塑料袋干什么啊？"

"这些是我刚才在沙滩上捡的，塑料袋留在沙滩上会污染环境，要是被海洋生物吃了还会影响它们的健康，就顺便一起带走了。"

"果果姐，你可真棒！"芊芊感叹道，"你不仅学习好，还懂得这么多，就连我妈她们也总夸你。"

"嗨，我哪有你说的那么好，我就是对海洋生物感兴趣。你记得吗，上次我还推荐你看那个海洋生物纪录片？那个纪录片拍得太漂亮了，里面有好多生物我都没听说过，你一定要看！"

"啊，我记得，我这不是没时间嘛，今天一大考，明天一小考，简直忙死了。"芊芊说。

这时，芊芊妈妈摸了摸芊芊的脑袋说："我看你呀，就是懒。考试只是检验学习的一种方式而已，除了考试，平时生活中还有很多知识要学啊。你多跟你果果姐学学。"

"知道了。"芊芊拖着长声答道，虽然看起来态度有点敷衍，但其实通过这次参加夏令营活动，她已经意识到了平日里多多积累知识的重要性。她心里已经打定主意要好好学习，多看书，还有多观察生活中的一些现象，以此来增加自己的知识。

芊芊希望下次参加夏令营时，她也能认出路上见到的各种植物、海洋里的各种生物，还有许许多多她从书本里或者纪录片里了解的新奇事物。

《孙子兵法》认为军队是战争的决定因素之一，因此，军队的素质、士气等都直接影响到战争的胜负。而一支好的军队也不是一天练成的，只有经过长久的刻苦训练，到了战场上才有机会战胜敌人。

学习也和士兵训练一样，不能急于求成，需要稳扎稳打，日积月累。只要坚持日复一日地认真学习，积攒实力，到了考场，就不用担心考不出好成绩。当然，考试只是对学习的阶段性检验，学习的成果并不只惠及考试。生活中，我们也常常用到各种生活常识和各学科的知识，哪怕是出门游玩，了解很多自然科学和社会科学常识，也会让你玩得更畅快。所以，不要把学习当成任务，或者过分看重考试，平日里的日积月累，会让你终身受益。

平时好好学习，积累知识，就不会害怕上考场了。

学习的时候稳扎稳打，会让你终身受益。